할매들의 이야기를 보면서 웃음 짓다 보니 어느새 마지막 장이다. 아쉬워서 마지막 장을 남겨 두고 잠시 눈을 감아 본다. 오래 보고 싶은 마음이다.

저자의 영월 이야기는 참 한결같이 안온하다. 갖은 풍파 속을 지나온 이야기일 텐데, '오늘도 참되자'며 찍은 온점에는 안온함이 묻어난다. 누구나 그렇듯, 목사인 저자도 목사가 처음이라서 어려운 마음일 때가 많았을 텐데, 이야기를 따라가다 보면 결국 괜찮았고 괜찮아서 괜찮을 거라는 마음속의 다짐들이다.

신기하게도 책을 읽다 보면 영월의 풍경 속에 있는 저자와 성도들의 모습이 익숙하게 그려진다. 무엇이 우리를 그러한 익숙한 풍경 속에 두는 것일까? 결국 사랑이다. 모든 것의 이유는 사랑이니까. 사계절을 따라가는 여정 안에서 예쁜 사랑의 모양들을 찾아보는 시간이 되길 희망해 본다.

아쉬운 마음을 접어 두고 다시 마지막 장을 읽어 내려간다. 그곳의 풍경이 마지막 장으로 끝나지 않고 계속되기를, 그리고 저자가 찍은 온점처럼 안온하기를 응원한다. 무엇이 문제겠는가! 가장 분명한 '예스'가 뒤에 든든하게 계시는데.

나도 저자를 따라, 오늘도 '참되자.'

**김상우**　드라마 PD, 〈라이브온〉 〈퀸메이커〉 〈아스달 연대기〉 〈나의 아저씨〉

김진호 목사는 어릴 적부터 남달랐다. 유난히 눈동자가 까맣고 반짝이던 소년 김진호의 모습은, 마치 다윗의 목동 시절을 보는 듯했다. 그의 눈동자에는 믿음과 사랑과 꿈이 가득 담겨 있었다. 하나님의 교회를 위한 그의 충성과 헌신은 담임목사였던 남편의 마음을 언제나 시원하게 해 주었다.

그런 그가 더 큰 꿈을 이루기 위해 고향을 떠나 광야 길로 나섰다. 마치 다윗이 도피 생활을 하느라 광야를 떠돌았던 것처럼, 저자 역시 수년간 낯선 지역에서 외롭게 사역하며 광야 생활을 했다. 그 끝에서 만난 강원도 산골 마을 도천교회. 그곳에서 7년간 목양을 하면서 하루하루 주님과 동행한 이야기를 이 책에 담았다. 한 장 한 장이 감동과 은혜로 가득 차 있다.

코로나 이후 성도들의 믿음 생활이 나아지지 않는 것을 걱정하는 한 사람으로서, 그리스도인이 그리스도인답게 살아갈 수 있도록 힘을 주는 이 책을 목회자들과 성도들의 필독서로 소개하고 싶다. 이 책은 그리스도인이 빛과 소금으로 사는 법, 자녀 교육, 이웃 사랑, 분노 다스리기, 그리고 심령이 가난한 자가 받는 복, 애통하는 자가 받는 복, 의에 주리고 목마른 자가 받는 복 등을 체험적으로 보여 준다. 무엇보다 하나님이 실종된 교회 안에 하나님을 하나님 되게 해 드리는 저자의 반석 같은 믿음을 만날 수 있다. 앞으로도 그를 통해 큰 뜻을 이루실 하나님을 기대한다.

**심요섭** 신갈감리교회 故이승우 원로목사 사모

"참되자." 거짓이 없고 진실되자는 말이다. 김진호 목사가 자주 하는 다짐이다.

저자는 도시 목회를 하다가 자신의 목회가 참된 것인지 확인하고자 영월 농촌 교회로 갔다. 세상의 방식으로 생각하면 더 좋은 환경, 더 큰 교회로 가려고 하는 것이 일반적인 마음인데 오히려 거꾸로 간 것이다. 그러나 도시든 농촌이든, 목회를 시작한 지 강산이 변할 정도가 되면 참되기가 여간 쉽지 않다. 하나님보다 성도들의 눈치를 보게 되고, 목회 상황에 따라 정직하지 못한 자기 합리화를 하면서 메마르기도 하고, 영혼 없는 형식적인 목회가 되기도 한다. 그래서 늘 흔들리는 것이 사실이다. 흔들리니 참되자고 다짐하는 것이다. 이 마음이 참 감사하다.

도천교회의 성도들과 함께 써 내려간 김진호 목사의 글을 읽으며 참된 목회가 무엇이며 목사는 어떤 존재여야 하는지 다시 묻게 된다. 그리고 문득 나도 외치고 다짐하게 된다. "참되자."

**천영태** 정동제일감리교회 담임목사

하루 만나,

그 사계절 이야기

IVP(InterVarsity Press)는
캠퍼스와 세상 속의 하나님 나라 운동을 지향하는
IVF(InterVarsity Christian Fellowship)의 출판부로
생각하는 그리스도인을 위한 문서 운동을 실천합니다.

하루 만나,
그 사계절 이야기

김진호

Ivp

**차례**

13 들어가는 글_ 날들의 기억 속에

**인생 최고의 가치
예수님과 늘 같이**

19 다시, 교외 말고 교회로
23 주의 말씀을 만남, 주의 말씀이 맛남
25 인생 최고의 가치, 예수님과 늘 같이
29 하나님을 신뢰하지 않는 실례 하지 않기
33 기도(氣道)를 확보하듯이 기도(祈禱)를 확보합시다
37 말씀 따라 걷는 그 길, 아름다운 인생 꽃길
39 은혜를 입다, 은혜를 잇다
45 교회 가는 길
49 아들과 아빠의 이어달리기
53 마음에 패인 큰 웅덩이 하나
59 무릎 쓴 기도, 무릅쓴 기도
62 꽤나 괜찮았던 교회창립감사주일

## 참된 위로
## 눈을 위로

| | |
|---|---|
| 참된 위로, 눈을 위로 | 69 |
| "이곳이 네 교회냐? 내 집이지!" | 73 |
| 이렇게 목사가 되어 간다 | 79 |
| 세상에 빚진 자일까, 세상에 빛인 자일까 | 81 |
| 우리의 탐심은 하나님의 탄식 | 84 |
| 배짱 좋은 주인장이 맛 좋은 음식을 낸다 | 87 |
| 다름을 다움으로 바라보기 | 91 |
| 한 번 더, 조금만 더 | 95 |
| 회개는 희게 하는 능력 | 98 |
| 성도의 헌신은 충분히 아름답다 | 101 |
| 이보다 시원한 얼음물이 어디 있을까? | 103 |
| 기분 좋은 의문의 1패 | 107 |
| 서로 질세라 | 110 |
| 하나님의 마음(心)을 안고 찾아가는 심방 | 112 |

부끄러운 믿음 아니라
부러운 믿음이고 싶다

117  여전히 적응 안 돼
120  부끄러운 믿음 아니라 부러운 믿음이고 싶다
123  남의 실수에는 발끈 나의 실수에는 질끈
125  믿음을 배우고 기도를 배우다
129  아버지의 자비로우심같이
133  가지런히
135  거북한 그리스도인 말고 거룩한 그리스도인 되기
139  돈이 독이 되지 않기를, 재물의 제물이 되지 않기를
142  가장 좋은 것을 드리는 마음
144  한 양(羊)이 누리는 한량없는 은혜
148  미안함에 눈물 한 방울, 고마움에 눈물 두 방울
152  이 맛에

가장 분명한 예스
우리 구세주 예수

나의 시선 교정되어 예수님께 고정되길　157
띵동, 선물이 도착했습니다　161
질리도록 들어도 다시 듣는 진리　164
가장 분명한 예스, 우리 구세주 예수　167
마음에는 예수님을 담고, 행실로는 예수님을 닮고　171
'한 푼 인생' 말고 '한 분 인생'　175
나의 삶, 주와 삶　179
나의 사랑하는 책 해어졌나, 헤어졌나?　182
말씀 괘도(掛圖)로 신앙 궤도(軌道)를 세우다　185
가장 정확한 일방통행, 우리 주님과 일생동행　187
순교가 몸의 죽음이라면 순종은 자아의 죽음　191
함께 잇대는 기쁨　195
하나님 안에서 하나인 우리　199

나가는 글_ 참되자　203

▶ 이 책에 실린 성경 구절은 새번역 성경을 사용했고,
다른 번역을 사용한 경우에는 역본을 밝혔습니다.

들어가는 글

# 날들의 기억 속에

어릴 적, 9시 뉴스가 시작할 즈음이면 아침에 출근하셨던 어머니가 야근을 마치고 집에 들어오셨습니다. 지친 몸에도 미소 띤 얼굴로 나와 동생의 일기장을 보시고 "오늘도 잘 지냈구나" 하시며, 하루 종일 떨어져 있었던 아이들에게 미안한 마음을 전하셨습니다.

그때 생긴 습관일까요? 학창 시절에는 교복 안주머니에 수첩을 넣고 다니며 소소한 일상을 남겼고, 목사가 된 지금은 일상과 묵상을 함께 담습니다. 짧거나 긴 메모, 휘갈긴 메모, 잉크가 번진 메모 등등에는 희로애락의 감정이 고스란히 묻어났고, 무엇보다 '한 날의 은혜'가 오롯이 담겼습니다. 24시간의 하루. 특별할 것 없이 매일 똑같은 날을 사는 줄 알았는데, 남겨진 메모를 보노라면 단 하루도 같은 날을 산 적이 없습니다. 날마다 다른 날을 살며 새날의 은혜, 때를 따라 돕는 은혜를 맛보았던 것입니다.

하루는 성경을 보는데, 다윗의 시편들이 한눈에 들어오면서 '시편은 일상에 대한 기록이구나' 하는 깨달음이 있었습니다. 시편 150편 중에서 다윗이 지은 것으로 알려진 시편이 73편이나 되니, 다윗만큼 일상의 크고 작은 은혜를 꼼꼼하게 기록하고 노래한 사람이 또 있을까요?

사실 다윗의 인생은 푸른 초장이나 쉴 만한 물가라기보다는 사망의 음침한 골짜기였습니다. 달빛을 이불 삼아 잠을 청했고, 새벽이슬을 맞으며 잠에서 깼습니다. 제대로 된 밥상 한번 공궤 받은 적 없고, 잔이 넘칠 때보다 빈 잔일 때가 더 많았습니다. 얼마나 외롭고, 얼마나 많이 울었을까요?

하지만 어릴 적부터 노년이 되어서까지 그의 인생에는 언제나 '하나님의 안위' 곧 하나님의 선하심과 인자하심이 함께했습니다. 그 은혜가 때마다 다윗에게 반석이 되었고, 방패가 되었고, 요새와 산성이 되었습니다.

다윗은 기쁘고 즐거운 일, 감사의 노래가 절로 나오는 일뿐 아니라, 억울하고 원망스러운 일, 실패하고 무너진 일, 낙심하고 실망한 일들을 고스란히 하나님 앞에서 기도로 기록했고, 이 고백들은 다시 날실과 씨실이 되어 '하나님의 은혜'라는 멋진 작품을 만들어 냈습니다.

다윗의 시편에는 비할 수 없지만, 『하루 만나, 그 사계절 이야기』 또한 제가 맛보아 누렸던 '하나님의 은혜'에 대한 기록입니다. 낡은 수첩에 담긴 메모를 보며, 깊은 호흡으로 최대한 힘을 빼고 그날의 기억을 펼쳐 내, 담담하고 진솔하게 적어 보았습니다.

지극히 개인적인 이야기들이라 잠시 망설이기도 했지만, 믿음의 여정 가운데 있는 사람이라면 누구나 한 번쯤은 고민하고 갈등했던, 울고 웃었던 친숙한 이야기겠다 싶습니다. 책을 읽는 동안 여러분의 고개가 끄덕여지는 순간이 있다면, 저의 일상과 여러분의 일상이 서로 맞닿아 잇대어진 줄 알고 행복할 것입니다. 이렇게 일상의 은혜가 하나, 둘, 셋 이어질 때 비로소 가장 멋진 책으로 완성될 테니 말입니다. 함께 잇대 주시겠습니까?

감사의 인사를 전합니다. 무명 목사의 이야기에 관심 가지고 책으로 나오기까지 힘을 실어 주신 IVP 관계자 분들과 섬세함과 친절함으로 글에 생기를 불어 넣어 주신 임정은 편집자님, 열정과 애정을 담은 그림으로 책을 빛나게 해 주신 한현아 작가님에게 감사합니다. 더할 나위 없이 과분한 추천사를 써 주신 정동제일감리교회 천영태 담임목사님, 고향 교회 심요섭 원로사모님, 드라마 PD 김상우 형제님에게 큰 빚을 졌습니다. 믿음의 좋은 스승이 되어 주신 故이승우 목사님과 오늘도 함께 울고 웃는 도천교회 성도님들의 사랑을 기억합니다. 사랑하는 아내의 헌신과, 존재만으로 빛나는 준수, 희수가 있어서 기쁨으로 감당할 수 있었습니다. 또한 오늘도 아들을 위해 새벽마다 기도하시는 양가 부모님에게 감사의 인사를 전합니다.

마지막으로 저의 첫 단독 저서에 손 내밀어 주신 독자 여러분의 너그러움에 마음 다해 감사드립니다.

영월 밧도내 강가에서

김진호

인생 최고의 가치
예수님과 늘 같이

# 다시,
# 교외 말고
# 교회로

"정부는 돌아오는 월요일부터 방역 수칙을 강화하기로 하였습니다.…"

연일 뉴스를 통해 전해지는 코로나 확산 소식에 피로감이 크다. 금방 잠잠해질 줄 알았던 코로나가 2년 넘게 지속되고 있다. 일상이 대폭 축소되었고 정부의 방역 조치로 교회의 문도 닫히니, 주일이면 교회를 찾던 발걸음이 잦아들고 자연스럽게 교외로 발길을 돌리는 성도들이 늘어났다.

지난밤, 잠이 오지 않아 뒤척이다가 생각의 끝이 교회에 머물렀다. 나는 자리에서 일어나 교회에 관한 추억들을 적어 내려갔다.

내가 아들 준수만 할 적에는 교회에서 뛰어노는 걸 당연하게 여겼다. 교회가 놀이터였고, 운동장이었으며, 사랑방이었다. 친구들이 안 보이면 무조건 교회를 찾았다. 무엇보다, 교회에서 끓여 먹는 라면이 얼마나 맛있던지!

학창 시절, 매주 금요일이면 '야자'(야간자율학습)를 마치자마자 부랴부랴 교회로 달려갔다. 온몸이 땀으로 범벅이 되어도 금요기도회 찬양 OHP 필름을 넘기는 일을 포기할 수는 없었다. 깜박 졸아서 제때 가사를 넘기지 못하면 옆에 앉아 계시던 담임목사님이 대신 넘겨 주시기도 했다. 하지만 누구에게도 그 자리를 뺏기고 싶지 않아서 쉬지 않고 달렸다.

군 시절 번개교회, 그곳에서 예수님을 인격적으로 만났고, 군종장교님으로부터 따뜻한 사랑을 받았다. 나의 첫 사역지였기에 온 마음과 정성을 다해 교회를 돌보고 장병들을 섬겼다. 장마철이면 교회 지하실에 고인 물을 퍼내던 기억이 아직도 생생하다.

제대 후, 어릴 적부터 뛰놀던 교회에서 교육 전도사로 사역을 시작했다. 전도사 임명을 받던 날, 담임목사님은 성도들에게, "어릴 적부터 보고 자랐지만 이제 목회자의 길을 갑니다. 담임

목사를 섬기고 사랑하듯, 섬기고 사랑해 주시기 바랍니다"라고 당부하심으로 내게 용기를 주셨다. 하나님과 사람 앞에 한결같이 반듯하셨던 담임목사님의 든든한 지원과 사랑에, 교회 건물 1층부터 4층까지를 얼마나 신나게 오르락내리락했는지 모른다.

첫 외부 사역지였던 부산제일감리교회. '집 떠나면 고생'이라는 말을 온몸으로 경험하는 시간이었지만, 참 좋은 훈련의 장이었고 그곳에서 큰 사랑을 받았다. 그 사랑을 일일이 다 기록할 수 없고 다 갚을 길도 없으니, 마음의 빚이 무겁다. 그곳을 생각하면 고마움과 미안함이 마음 가득 차오른다.

나의 첫 담임 목회지인 도천교회. 강원도 산골의 작은 교회지만, 할매들의 순전한 믿음이 있고, 귀농한 성도들의 열정적인 사랑이 있다. 모두가 한마음으로 주님의 몸된 교회를 세우며 맡겨진 사명을 충성스레 감당하니, 이 얼마나 기쁜 일인가? 오늘도 나는 좌충우돌하지만, 함께 울고 웃는 공동체가 부족한 나를 품어 준다.

가만히 들여다보니, 내 마음속 깊은 곳에는 언제 생각해도 반갑고, 고맙고, 가고 싶은, 따뜻한 추억이 깃든 교회들이 있다. 교회 생활을 진하게 해 본 사람이라면 누구라도, 언제 생각해도 마음이 따뜻해지는 그리운 교회가 하나쯤은 있지 싶다. 코로나가 하루빨리 종식되어, 사람 없는 교외 말고, 내가 사랑하는 교회에서 사랑하는 사람들을 만나고 싶다. 든든하게 국밥 한 그릇 나누면서, 허기진 배만 채우는 것이 아니라 교회의 시간과 공간을 가득 채우고 싶다. 향 좋은 커피를 함께 마시면서, 교회의 희로애락을 함께 나누고 싶다. 참되자.

> 하나님, 하나님의 성전 안에서 우리가
> 하나님의 한결같은 사랑을 되새겨 보았습니다.
>
> (시 48:9)

## 주의 말씀을 만남
## 주의 말씀이 맛남

코로나19 확산에 따라 방역 조치가 강화되면서 교회의 대면 예배가 금지되었다. 예배당을 찾지 못하는 할매들에게 드릴 밤만주를 챙겨 가지고 찾아뵈었다.

목사의 방문을 예상하지 못하셨는지, 깜짝 놀라며 반겨 주는 우리 할매 왈, "목사님, 코로나 때문에 교회에는 못 가지만, 사순절에 마가복음을 필사한 것처럼 이번에는 시편을 필사하고 있어요" 하며 성경 필사본을 보여 주신다. 얼마 전에 사다 드린 연습장이 벌써 반 이상 넘어갔다.

한 글자 보고, 한 글자 적고…를 얼마나 반복하셨을까. "집사님, 쉬엄쉬엄 쓰세요. 누가 잡으러 뒤쫓아 오는 것도 아닌데, 뭐가 그렇게 급해요?" 하고 말을 건넸더니, "목사님, 재밌어서

쓰는 거예요"라고 답하신다. 하나님의 감동으로 쓰인 말씀이 얼마나 달고 맛있으면, 믿음의 선진들이 걸어갔던 그 여정을 마주하는 기쁨이 얼마나 크면, 한 자 한 자 쓰는 지난한 작업이 재밌기까지 할까?

일흔이 넘어 하나님의 말씀을 만났지만, 누구보다 말씀의 맛을 가장 잘 아는 우리 할매다. '말씀을 만나는 일', '말씀을 맛보는 일'을 가장 큰 기쁨으로 생각하는 우리 할매의 그 믿음이 곱디 곱다. 다음번에 우리 할매한테 갈 때는 밤만주 말고, 큰글자 성경을 가져다드려야겠다.

하루속히 코로나19가 종식되어 우리 할매에게 말씀의 달콤함을 마음껏 누리게 해 드리고 싶다. 참되자.

주님의 말씀의 맛이 내게 어찌 그리도 단지요?
내 입에는 꿀보다 더 답니다.

(시 119:103)

## 인생 최고의 가치
## 예수님과 늘 같이

아이가 한 시간째 운다. 서럽게 운다.

어릴 적부터 달리기를 곧잘 하던 큰아이는 초등학교 육상부에 선발되어 80미터 단거리 대표가 되었다. 방과 후 늦은 시간까지 훈련하면서도, '힘들다' 투정 한번 없는 아이가 참 대견했다.

체육 선생님도 아이에게, "준수 덕분에 올해 우리 학교가 드디어 80미터 단거리 달리기에서 처음으로 메달을 따겠다" 하며 기대 어린 칭찬을 해 주니 얼마나 어깨가 으쓱했을까?

지난 주간, 강원도 내의 초등학교 육상 대회가 공지되었다며 아이가 안내문을 가지고 왔다. 아이는 들뜬 기분을 주체하지 못했고, 나 역시 기대가 컸다.

그런데 안내문을 확인하는 순간, 아뿔싸!! 육상 대회가 하필이면 주일이다. '아이에게 어떻게 말해야 좋을까?' 머리가 복잡해졌다. 그렇다고 미룰 수도 없는 일이다. 아이 방에 들어가 조심스레 입을 뗐다.

"준수야, 대회 날짜 확인해 봤어?"
"아니요."
"아빠가 대회 날짜를 확인해 보니깐 주일이더라."
"…."
"많이 아쉽겠지만, 이번 대회는 출전이 어렵겠네."
"…."
"(미안한 마음 가득 담아)아빠가 성도님들에게는 주일 성수, 예배 성수를 늘 강조하는데 정작 아빠가 그 일을 지키지 못하면 어떡해…."
"…네."

아이는 겨우 마지막 대답을 하고는 이때부터 닭똥 같은 눈물을 떨군다. 방문을 닫고 나오는데, 마음이 편치 않다. 아이의 그 심정을 모르는 바 아니다.
이내 옛 기억 하나가 뇌리를 스친다. 어느 대회인지는 잘 기억나지 않지만, 내가 속해 있던 축구팀이 결승전에 올랐다. 그런데 하필이면 결승 경기가 주일 오전 9시에 시작이다. 어머니께 몇 차례 말씀을 드렸지만, '어떤 일보다 주일 성수가 우선'이라고 늘 강조하셨던 어머니는 끝내 허락하지 않으셨다.

결국 결승 경기에 참석할 수 없었고, 주전 골키퍼 없이 뛴 우리 팀은 후배가 선방했음에도 불구하고 4 대 1이라는 큰 점수 차이로 졌다. 그 일 이후, 밤새 운동장에서 흙먼지 마셔 가며 연습하던 친구들과도 어색한 사이가 됐다. 그때 일을 생각하면 아직도 친구들에게 미안한 마음이다.

울음이 터진 아이 방문 앞에 한동안 서 있다가 깊은 한숨을 내뱉으려 예배당을 찾았다. 아이의 울음소리가 예배당까지 들린다. 서럽겠지…. 그래도 어쩌겠니….

얼마가 지났을까, 울음소리가 잦아든다. 교회 마당을 배회하고 있는데, 아이가 나온다. 그리고 울먹이는 목소리로 내게 말을 건넨다.

"아빠, 나 대회 나가지 않아도 괜찮아요. 내년에 나가면 돼요. 근데 지금은 괜찮은데, 내일 아침에는 마음이 또 어떨지 모르겠어요."

가볍게 아이를 안아 주고, 기도를 해 줬다. 하지만 마음이 편치 않다. 막무가내로 우길 법도 한데, 떼 한번 부리지 않고 포기하는 아이를 보고 있자니, 어느새 속만 어른이 되어 버린 것 같아 더 마음이 아프다. 명랑하게, 구김살 없이 자라기를 새벽마다 기도하는데, 오늘은 상처를 주었으니 아빠로서 미안하다.

어떤 사람은 돈에 가치를 두고, 어떤 사람은 명예에, 어떤 사람은 관계에 가치를 둔다. 하지만 이번 일을 통해 아이에게, 인생 최고의 '가치'는 우리 주님과 '같이'하는 것이라는 인생관이 정확히 세워졌으리라 믿는다. 세상 무엇과도 비교할 수 없는 우리 주님과 일평생 동행함으로 가장 복된 길을 걷는 준수가 되기를 마음 다해 축복한다. 참되자.

> 나는 이제 세상 모든 사람이 가는 길로 간다.
> 너는 굳세고 장부다워야 한다.
> 그리고 너는 주 너의 하나님의 명령을 지키고,
> 모세의 율법에 기록된 대로, 주님께서 지시하시는 길을 걷고,
> 주님의 법률과 계명, 주님의 율례와 증거의 말씀을 지켜라.
> 그리하면, 네가 무엇을 하든지, 어디를 가든지,
> 모든 일이 형통할 것이다. (왕상 2:2-3)

# 하나님을
# 신뢰하지 않는
# 실례 하지 않기

힘겹게 계단을 오르는 아내의 뒷모습을 보니 마음이 좋지 않다.

몇 해 전, 아내는 양쪽 무릎에 이상이 생겨 연골판을 제거하고 이식하는 대수술을 받았다. 처음 진단을 받고 바로 수술했더라면 한쪽 무릎은 괜찮았을 텐데, 큰 수술비에 지레 겁을 먹어 약물 치료를 고집했던 나의 무지가 남긴 흔적이다. 결국 아내는 왼쪽 무릎의 연골판 제거 수술, 기증자의 연골판 이식 수술과 동시에 오른쪽 무릎 연골판 제거 수술, 그리고 또 다른 기증자의 연골판 이식 수술까지, 총 네 차례의 수술을 받아야 했다.

첫 번째 수술을 받던 그해 겨울은 유난히 추웠다. 몸도, 마음도. 연골까지 이상이 생길 수 있는 상황이라 급하게 수술 일정을 잡았지만, 문제는 한 번 할 때마다 천만 원이 넘는 수술비였다. 수술은 잘 마쳤지만, 이제 갓 목사 안수를 받은 새내기 목회자가 모아 둔 돈이 어디 있겠는가? 사역을 그만두고 다른 일을 할 수도 없는 상황에 한숨만 깊어지고, 결국 할 수 있는 게 아무것도 없던 나는 매일 병원 내의 예배당을 찾았다.

"하나님, 아시죠? 이제 목사가 되었습니다. 전도사 시절 아내가 아끼고 아껴서 저축해 둔 300만 원이 전부입니다. 한쪽 다리 무너진 것도 억울한데, 양쪽 다리라니요? 모아 두었던 300만 원도 검사하느라 다 썼습니다. 이제는 무너질 재정도 없습니다. 하나님, 아시죠? 하나님이 책임져 주셔야 합니다. 형편없는 제 믿음이 아니라, 아내의 믿음을 보셔서라도 도와주셔야 합니다.

북이스라엘의 기근 때에 엘리야에게 까마귀를 보내 주셔서 떡과 고기를 공급해 주셨듯이 저희 가정에도 까마귀가 필요합니다. 그런데 작은 까마귀로는 어렵습니다. 까마귀를 보내 주시되 큰 까마귀를 보내 주세요. 정말 하나님밖에 없습니다."

지금 생각해 보면, 정말 말도 안 되는 기도였다. 그런데도 하나님은 역시 하나님이셨다.

며칠 뒤 원무과에서 병원비 정산이 끝났다고 호출이 왔다. '올 것이 왔구나' 하는 심정으로 내려갔더니, 원무과장님이 "퇴원 때까지 병원비가 500만 원 정도입니다"라고 한다. 이상하다 싶어, "잘못된 거 아닙니까?"라고 다시 물었다. 그도 그럴 것이 어제 아침 원무과에 확인했을 때 이미 800만 원이 넘은 상태였기 때문이다. 착오가 생긴 게 분명해 보여서 다시 한번 확인 요청을 했고, 과장님은 담당의에게 전화를 걸어 상황을 파악했다. 통화가 끝난 후 과장님의 말씀은 이랬다.

"정형외과 담당의께서 젊은 부부가 너무 큰 시련을 만나 고생하는 것 같아 마음이 쓰인다고, 병원 복지처와 ○○재단에 연락해서 혜택을 받도록 하셨다네요."

그제야 머리를 스치고 지나가는 '큰 까마귀.' 담당의는 우리 가정의 형편을 모르지만, 하나님은 누구보다 잘 아신다. 담당의는 내 기도를 들은 적이 없지만, 하나님은 내 작은 신음소리까지 귀 기울여 들으셨고, 진짜 '큰 까마귀'를 보내 주셨다. 이후의 제거/이식 수술 때에도 '큰 까마귀'의 은혜는 계속되었다.

이 일로 나는 하나님을 온전히 신뢰하지 못하는 나의 믿음을 정확하게 마주했다. 어릴 적부터 "기도하고 구하는 것은 받은 줄로 믿으라" 하는 설교를 수없이 들었고, 나 역시 수없이 설교했다. 하지만 병원비라는 큰 산 앞에 선 나에게, 그 모든 설교들은 공허한 메아리로 흩어질 뿐, 실제로 의지할 길잡이가 되지 못했다. 그러니 실컷 기도했던 '큰 까마귀'는 까맣게 잊고, 애꿎은 전화번호부만 수없이 넘겼던 것이다. 심지어는 야간 아르바이트까지 알아보려 했으니, 세상 사람들과 다를 바가 없었다.

하지만 하나님은 친히 '큰 까마귀'를 보내 주심으로 하나님을 온전히 신뢰하지 않는 실례를 범하고 있는 나의 믿음을 보게 하신다. 믿음은 추상적인 관념이나 감정, 외침이나 구호가 아니라 삶의 방식이다. 하나님을 의지하는 삶을 살고 있다면, 어떤 상황에서도 끝까지 의지하는 것이야말로 진짜 믿음이다. 믿음의 선진들이 살아 낸 믿음을 따라 하나님을 의지하고, 의지하는 만큼 더욱 하나님을 믿기를 소망한다. 참되자.

너희는 영원토록 주님을 의지하여라.
주 하나님만이 너희를 보호하는 영원한 반석이시다.

(사 26:4)

## 기도(氣道)를 확보하듯이
## 기도(祈禱)를 확보합시다

우리 할매가 새벽예배에 늦으셨다. 새벽녘에 일어나서 성경을 읽으시다가 뒤늦게 시간을 확인하고 부랴부랴 오신 게다.

"목사님, 성경 보는 시간이 뛰어 갔나 봐요(성경 보는 시간이 너무 빨리 갔어요)."
"권사님이 뛰어오신 거 아니고요?"

가벼운 농을 주고받은 후 할매의 기도가 시작되었다. 기도를 진작 마친 나는 말씀을 보며 기다렸다.

"목사님, 내일은 정신 바짝 차릴게요."

인사를 건네는 할매를 뒤따라 나가 배웅하려는 찰나, 할매의 고무신이 이상하다. 잘못 봤나 싶어 눈을 비비고 다시 보아도 흰 고무신과 검정 고무신 짝짝이가 맞다. 할매도 진작에 알았지만, 더 늦을까 봐 그냥 신고 오셨단다.

"아이고 권사님, 오늘 고무신이 짝짝이라서 집에 가실 때 창피하겠어요. 제가 집까지 모셔다 드릴게요. 저랑 오늘 데이트해요."
"우리 영감 먼저 가고 십수 년 만에 데이트를 다 하게 생겼네요."

수줍은 소녀처럼 좋아하신다. 두런두런 이야기하며 걷다가 깊게 숨을 들이마셨다. 코끝에서 맴돌던 찬 공기가 폐까지 전해지는 그 맛이 역시 일품이다. 우리 할매, 이런 내 생각을 알아채셨나 보다.

"목사님, 새벽 공기 참 좋지요? 이렇게 새벽 공기 먹고 산 지가 40년이네요. 살기 위해서 기도했는데, 지금까지 잘 살고 있네요."

'살기 위해서 기도했다'는 할매의 말이 '기도는 생명줄이구나'로 되뇌어지며 큰 울림이 된다. 참으로 맞는 말이다. 우리가 똑같은 날을 사는 것 같지만, 사실은 그렇지 않다. 우리는 날마다 다른 날을 살고 있다. 한 번도 같은 날을 산 적이 없다. 오늘은 분명 어제와 다른 새날이기에, 한 날을 살아갈 은혜가 필요하다. 그렇다면 아침마다 새로운 은혜를 구하는 일이야말로 생명을 위한 가장 정확한 지혜일 게다.

40년 넘게 새벽마다 이 길을 걸어오셔서 교회와 목회자를 위해 기도하신 할매의 그 수고가 고맙다. 그 기도가 우리 교회와 이곳을 지나간 목회자들을 살렸다.

돌아오는 길, 땅거미가 채 걷히지 않은 새벽녘의 십자가가 더욱 빛난다. 괜찮은 풍광이다. 참되자.

끊임없이 기도하십시오.

(살전 5:17)

# 말씀 따라 걷는
# 그 길
# 아름다운 인생
# 꽃길

중·고등학교 시절에 청소년부 담당 전도사님이 늘 강조하시던 것이 하나 있었는데, '나의 신앙고백문을 만들어서 매일 입으로 고백하라'는 것이었다. 정말 귀에 딱지가 생길 정도로 듣고 또 들었다.

 게다가, 매주 청소년부 예배 말씀 시작 전에 신앙고백을 확인하고 또 확인했는데, "자연!" "광식!" "종진!" "정모!" 하고 이름을 부르면 자동으로 신앙고백이 나와야 했다. 나의 신앙고백은, "하나님은 선한 분이시니 언제나 선(善)으로 인도하십니다"였다. "내 평생에 선하심과 인자하심이 반드시 나를 따르리니"(시 23:6, 개역개정)를 가지고 만든 고백이다.

청소년 시절, 아무 뜻도 모르고 외웠던 "하나님은 선하시니 언제나 선한 길로 인도하십니다"라는 고백을 오늘도 습관처럼 되뇐다. 시편 기자의 고백이지만, 나 또한 인생길에서 하나님의 선하심과 인자하심을 동일하게 맛보고 있으니, 이제는 나의 고백이기도 하다. 오늘도 나는 하나님의 말씀을 따라 일평생 아름다운 인생 꽃길을 걷는 참 행복자이고 싶다. 참되자.

내가, 주님의 계명들이 가리키는 길을 걷게 하여 주십시오.
내가 기쁨을 누릴 길은 이 길뿐입니다.

(시 119:35)

# 은혜를 입다
# 은혜를 잇다

일 년에 딱 한 번 이맘때쯤 입는 양복이 있다. 내게 있는 어떤 양복보다 귀한 양복이다.

목사 안수를 앞둔 2012년 겨울, 그날도 청년 심방을 마치고 늦은 밤이 돼서야 사무실에 도착했다. 책상에 앉으려고 의자를 빼자 처음 보는 양복 한 벌이 놓여 있었다.

'김 전도사, 목사 안수 축하해. 약속처럼 비싼 건 아니지만.'

쪽지를 보는 순간, 가슴이 먹먹하다. 미간이 일그러지며 눈물이 쏟아진다. 굳게 다물었던 입술에서 아! 하고 외마디 탄성이 터진다. 누가 가져다 뒀는지 단번에 알 수 있었다. 수화기를 들고 수없이 전화를 걸었지만, 끝끝내 받지 않는다. 속상한 마음에 양복을 끌어안고 한참을 울었다.

'그럴 수 있지…. 나였어도 전화를 받지 않았을 거야….'

그랬다. 누구보다 자존심 강한 사나이이니 그럴 만하다.

매 주일 청소년부 예배를 마치고 교회 주차장을 통과할 쯤이면 종종 마주치던 J 성도의 억양과 말투는 수도권에서 지내다 이제 막 부산에 온 초짜 전도사에게 적잖은 부담을 안겨 주었다.

"오늘은 아-들이 몇 명이나 왔데? 많이 왔지요?"
"요즘 학교 앞 전도가 신통치 않나 봐. 열심히 좀 하지요."
"이제 청소년부가 조금 부흥했다고, 대충 하는 게 눈에 보여, 김 전도사님."

늘 이렇게 마지막만 높이는 반 존대어로 사람을 들었다 놨다 했다(물론 그것이 그의 관심과 사랑의 표현이라는 것을 잘 안다).
어느 주일, 그날도 어김없이 반 존대어로 질문을 던진 J 성도는 내 대답이 끝나자마자 이런 약속을 내놓았다.

"김 전도사, 내가 김 전도사 목사 안수 받을 때, 서면 롯백(롯O백화점)에 가서 양복 한 벌 해 줄게. 아니다, 해운대 신백(신OO백화점)으로 갑시다."

웃음으로 답을 대신했지만, 당시 그는 부산에서 알아주는 디자인 회사의 사장이었으니, 얼토당토않은 이야기도 아니기에 기분은 좋았다. 여차하면 구두까지 살 생각을 했으니 말이다.

하지만 한 치 앞도 모르는 게 사람 일 아닌가? 그렇게 잘 나가던 회사가 부도가 나고 말았다. 사장인 그가 온몸으로 막아 보았지만 소용이 없었고 결국 건강까지 상해 버렸다. 그 와중에 조용히 교회를 떠났던 그가 10개월 만에 그 약속을 지키기 위해 사무실을 찾은 것이었다.

이듬해 봄, 안수식 때 입으려고 세탁소에 수선을 맡겼다. 양복을 건네받은 세탁소 사장님이 혀를 찬다.

"아이고, 요즘 누가 이런 빤짝이 양복을 입는대요. 유행이 지나도 한참 지난 양복인데…."
"아니에요. 저한테는 가장 소중한 양복이니, 잘 줄여 주세요."

내 대답에 사장님은 멋쩍은 듯 어색한 웃음을 지으며, "유행이 어딨어요. 사연 있는 옷이 제일이지. 유행은 돌고 돌아"라며 횡설수설한다.

2013년 4월 11일, 기독교대한감리회 제33회 삼남연회에서 목사 안수를 받았다. 몸을 돌려 단상에서 내려오는 순간, 성도들의 눈을 피해 기둥 뒤에 숨어서 몰래 안수식을 지켜보던 J 성도와 눈이 마주쳤다. 손에 쥔 시집을 들어서 가벼운 인사를 하고, 안수식장을 나서는 그를 급히 따라갔지만, 어디서도 찾을 수가 없었다. 그 순간 울리는 문자 벨 소리.

'김 목사님, 목사 안수 축하해요. 꼭 보고 싶었어. 아울렛에서 산 양복도 잘 어울리네요. 다음번에는 꼭 백화점 갑시다. 아! 그리고 앞으로 반말 안 할게요.'

누가 경상도 사나이 아니랄까 봐, 끝까지 혼자서 멋진 척은 다 한다.

목사 안수를 받은 후, 교구 목사로서 왕왕 J 성도를 찾아가 뜨끈한 돼지국밥을 함께 먹으며 그의 허한 속을 달래 주었고, 말

벗이 되었다. 그리고 그가 재기(再起)할 때쯤, 나는 이곳 영월로 단독 목회를 나왔다. 예전처럼 자주 연락하지는 않지만, 이따금 뜬금없이 영월까지 와서 한바탕 웃고 간다. 그동안의 고생으로 몸도 얼굴도 많이 상했지만, 그의 얼굴에서는 다시 웃음을 볼 수 있다. 그럼 된 거다. 잘 된 거다.

오늘 나는, 목사 안수 날의 떨림을 기억하고 성도의 사랑을 기억하기 위해서 일 년에 딱 한 번 입는 양복을 꺼내 입고 강단에 섰다. 내게 있는 어떤 양복보다 귀한 양복을 입고 말이다. 이렇게 오늘도 나는 은혜를 잇는다. 참되자.

내 영혼아, 주님을 찬송하여라.
주님이 베푸신 모든 은혜를 잊지 말아라.

(시 103:2)

## 교회 가는 길

"목사님, 앞으로 주일예배만 나오면 안 될까요? 이젠 다리가 너무 아파서…."

아흔넷.
반평생 아픈 남편 병시중 드느라 굽은 허리.
일평생 고추 따느라 다 망가진 무릎이 남긴 오다리.
굴곡 많은 인생이었음을 보여 주는 이마의 주름.
안 아픈 곳이 없는 그 몸 자체가, 인생이 남긴 훈장이라면 훈장일 게다.

일흔이 넘어 예수님을 믿은 우리 할매는, "늦게 예수 믿은 만큼 가장 순전하게 믿어야 하나님께 칭찬받는다" 하시며, 예배 성수를 가장 큰 기쁨으로 여긴다. 교회 가는 길에 누리는 바깥 구경은 '덤'이라고 생각하여 어린아이처럼 좋아하신다. 그런데 올봄부터, "목사님, 저 주일예배만 나오면 안 될까요?"라는 말이 잦으시다.

한 주 한 주, 우리 할매의 약해지는 몸이 눈에 보인다. 걸음은 점점 더 더뎌지고, 늘어난 잔기침에 이마의 주름이 더 선명해진다. 무엇보다 좋아하시던 바깥 구경보다 이제는 지그시 눈을 감고 가는 게 더 편하시단다.

새벽마다 일어나 자녀들을 위해 기도하시고, 떠듬떠듬이지만 누구보다 성경도 많이 읽으신다. 매일 성경 필사까지 세 장 내지 다섯 장을 하며 개인 경건 생활을 잘하고 계시니… 좋으실 대로 하시라고, 주일예배만 나오셔도 괜찮다고 말씀드려야 하나? 아니면, 끝까지 예배에 승리하자고 말해야 하나?

할매를 볼 때마다 마음이 시큰하다. 무 자르듯 딱 떨어지게, 확실하게 말씀드릴 수 있으면 좋으련만, 할매의 물음에 괜히 눈물이 고이고 긴 한숨만 새어 나올 뿐, 몇 주째 이러지도 저러지도 못하고 있다.

그런데 오늘 차량에 올라탄 우리 할매가 밑도 끝도 없이 "죄송해요, 목사님. 죄송해" 하며 말을 이어 가신다.

"목사님, 사실은 다리가 아픈 것도 맞는데, 매번 목사님 오시게 하는 게 너무 죄송해서 주일예배만 간다고 한 거예요. 저는 교회에 가서 예배드리는 게 제일 좋고 기쁜데, 이 늙은이 때문에 목사님이 고생하니깐 그게 너무 죄송해요."

"아이고 집사님, 무슨 말씀이세요? 저한테 미안해서 그러신 거라면 다시는 그런 소리 하지 마세요. 저는 하나도 힘들지 않아요. 그러니 하나님께서 부르시는 날까지 집사님 좋아하는 예배를 마음껏 드리세요."

"그럼 목사님, 염치없지만 교회에 잘 나갈게요. 저는 예배드리러 오는 날이 제일 좋은데 괜히 주책이었어요."

그제야 우리 할매가 환하게 웃으신다. 웃으시는 할매의 모습에 '다행이다. 참 다행이다'라고 되뇐다.

지금도 가장 멀리서, 양손의 지팡이를 의지하여 힘겹게 오시는 할매의 모습을 볼 때면 눈시울이 뜨거워진다. 하지만 우리 할매는 예배를 통해 가장 큰 기쁨을 맛보고 계시다. 어쩌면 그날 이후로 두 배, 세 배, 열 배의 기쁨을 누리고 계시는지도 모르겠다.

예배드리러 교회 가는 길. 오늘도 할매는 차창 밖 풍경을 보며 연신 찬송을 흥얼거리신다. 그렇게 교회 가는 게 좋으실까?

할매의 찬송 소리에 덩달아 기분이 좋아진다. 참되자.

주님, 나에게 단 하나의 소원이 있습니다.
나는 오직 그 하나만 구하겠습니다.
그것은 한평생 주님의 집에 살면서
주님의 자비로우신 모습을 보는 것과,
성전에서 주님과 의논하면서 살아가는 것입니다.

(시 27:4)

# 아들과
# 아빠의 이어달리기

준수의 학교 운동회 날 있었던 일이다. 어릴 적부터 온 교회를 뛰어다닌 아이는 달리기를 곧잘 한다. 이미 아침에 진행된 50미터 달리기에서 1등을 했다.

문제는 오전 마지막 경기인 이어달리기다. 청군 대표로 뽑혀 1번 주자로 뛰게 되었지만, 하필이면 함께 뛰는 백군 주자가 1학년에서 가장 빠른 아이다. 준수가 운동회 전부터 "정원이한테는 질 것 같아요"라고 이야기했던 터라, '그런가 보다' 하고 대수롭지 않게 생각했다. 하지만 출발선에 선 아이를 보니 이겼으면 하는 기대가 생겼다. 목청 터져라 "파이팅!"을 외쳐 주었지만, 아이의 얼굴은 이미 울상이다.

총성과 함께 달리기 시작해서, 처음에는 비슷하게 나가나 싶었는데, 점점 거리가 벌어진다. 준수는 이를 악물고 뛰었지만, 다음 주자에게 바통을 전달할 때 10미터 이상 차이가 났다. 첫 번째 주자가 크게 뒤처진 채로 바통을 넘겼으니, 얼마나 창피할까?

다행히 아이의 팀이 이겼지만, 경기를 마치고 식사하러 들어오는 아이의 어깨가 축 처져 있다. 고개는 푹 숙이고 있다. 곧 울음이 터질 것 같다. 영락없는 패잔병, 졸장부의 모습이다. 밥도 먹는 둥 마는 둥 하고, 좋아하는 치킨에 손도 대지 않는다. 전교생 앞에서 망신당했으니 그 속상한 마음을 알 만하다.

그때부터 머릿속이 복잡해진다. 운동회 마지막 경기가 학부모 이어달리기다. 준수를 생각하면 당연히 경기에 나가 준수의 응원도 받고 아빠의 멋진 모습도 보여 주고 싶은데, 현관문에 치이는 사고로 아킬레스건 수술을 한 지 막 1년이 지났다. 이제 겨우 절뚝거림에서 벗어났으니, 뛰는 건 엄두도 낼 수 없다. 온전히 회복되지 않은 상태에서 설불리 뛰었다가 혹시 수술 부위가 재파열되기라도 하면 일이 복잡해진다. 그렇다고 아비로서 의기소침해 있는 아이를 두고 모른 척할 수도 없고, 뛰자니 전력 질주도 못할 텐데 괜히 나갔다가 설령설령 뛴다고 주변에서 말이라도 나오면 아이가 더 힘들어하지 않을까?

그런데 참 신기하다. 머릿속은 이렇게 복잡한데, 한 손으로는 김밥을 먹으면서, 다른 한 손으로는 진작부터 수술한 아킬레스건 부위를 주무르고 있다. '재파열되면 다시 수술하면 되지.' 고민 끝에, 결과야 어찌 되든 최선을 다해 뛰기로 했다.

힘들게 결정해서 나갔건만, '젊은 아빠들이 마지막에 뛰어야 한다'며 마지막 주자로 세운다. 엎친 데 덮친 격으로 함께 뛰는 상대편 아빠는 다섯 살이나 어릴 뿐 아니라, 체대를 졸업했다면서 준비 운동을 요란하게 한다. 나도 운동을 했었지만 그만둔 지 20년이 넘었다. 게다가 지금 다리까지 시원찮다.

'아이구, 망했다. 준수 하나 망신당한 것만으로도 충분한데, 오늘 완전 가족 대망신이겠구나.'

후회가 쓰나미처럼 밀려온다. 복잡한 생각이 오가는 동안 마지막 차례가 되었다. 상대편 아빠와 동시에 바통을 이어받았고, 바통을 받자마자 눈 질끈 감고 이 악물고 마구 내달렸다. 재파열이 되든 말든, 어떻게 뛰었는지도 모르게 달려, 결승선을 통과했다. 결과는?

"아빠, 하늘이가 아빠 뛰는 모습이 멧돼지보다 빨랐대."

준수의 얼굴에 함박웃음이 피었다. 아빠가 자랑스러운가 보다. 준수의 해사한 얼굴을 보니 나도 덩달아 기분 좋다.

오늘 아빠를 달리게 한 것이 준수를 향한 아빠의 사랑이었다는 것을, 준수가 기억하면 좋겠다. 하지만 더 간절히 바라는 것이 하나 있다. 준수가 살아가면서 겪을 모든 고난과 아픔에 아빠인 나보다 더욱 마음을 쓰시며 사랑으로 위로하고 힘 주시는 하늘 아버지가 계심을 알아차리면 좋겠다. 준수가 하늘 아버지의 그 깊으신 사랑 안에서 강건하기를 기도한다.

또한 오늘 아이가 나에게 사랑의 격려를 받은 것처럼, 나 역시 매 순간 하늘 아버지에게 사랑의 위로와 격려를 받고 있음을 안다. 나 역시 패잔병, 졸장부의 모습일 때가 많지만, 이런 내 모습에 하늘 아버지가 마음을 쓰고 계신다. 그리고 깊으신 사랑으로 나를 일으키신다. 나밖에 모르시는 듯한 하늘 아버지의 그 사랑을 받아 나의 얼굴에 함박웃음이 피면, 하늘 아버지의 마음도 시원하시겠지? 참되자.

> 우리는 하나님이 우리에게 베푸시는 사랑을 알았고,
> 또 믿었습니다. 하나님은 사랑이십니다.
> 사랑 안에 있는 사람은 하나님 안에 있고
> 하나님도 그 사람 안에 계십니다. (요일 4:16)

## 마음에 패인
## 큰 웅덩이 하나

스승의 날이다. 짧은 인생 가운데 만난 고마운 스승이 많이 계시지만, 아무것도 모르던 내가 목회의 길을 걸어갈 수 있도록 물심양면으로 이끌어 주신 고향 교회 故이승우 목사님은 내게 더욱 특별한 스승이셨다.

오월이 시작되기도 전부터 시간을 빼 두었다가, 오늘 목사님의 봉안당에 다녀왔다. 하염없이 바라보다 두 눈을 감고 기도했다. 어쩌면 기도보다는 다짐에 가까울지 모른다. 한참 후 눈을 떠 묘비를 닦고 또 닦았다. 미간이 일그러지고, 눈물이 쏟아진다. 입술 사이로 외마디 탄식이 새어 나온다.

목사님이 주님 품에 안기신 지 몇 달이 지났지만 아직도 실감이 나지 않는다. 지금 당장이라도 찾아뵐 수 있을 것 같은데,

이제는 안 계시다니. 요즈음 여러 가지 일들을 마주하다 보니, 목사님의 호탕한 웃음소리가 더욱더 그립기만 하다. 그 마음과 그 사랑이 사무치도록 그립다. 가만히 앉아 오래전 기억 한 조각을 꺼내어 본다.

내가 신학대학원 1학년이던 해, 여름 방학이 시작되자 목사님이 나를 부르셨다.

"김 전도사, 한 달 동안 수요예배 때 시리즈 설교 부탁해."
"(깜짝 놀라며)네, 목사님."

그전까지 토요일 밤 9시 기도회, 월요일 새벽 설교는 인도했었지만, 수요예배 설교는 처음이었고, 그래서 그야말로 큰 부담이었다. 보름을 고민하여 십자가를 주제로 "십자가 안에서 변화된 중심" "회개하게 하는 십자가" "이기게 하는 십자가" "용서하게 하는 십자가" "내가 사랑하는 십자가"라는 제목의 설교를 준비했다.
첫 번째 수요예배 설교를 마치자, 담임목사님께서 부르셨다.

"김 전도사, 오늘 정말 은혜 받았어. 고마워."

껄껄 웃으시는 목사님의 모습에 긴장이 풀리려던 찰나,

"그런데 김 전도사, 말씀 전에 했던 기도문도 적어 뒀지? 좀 볼 수 있을까?"
"네, 여기 있습니다."

'하나님 아버지, 오늘도 두렵고 떨리는 마음으로 말씀 앞에 섰습니다.…하나님의 말씀을 가지고 장난치지 않게 하시고, 까불지 않게 하옵소서.…예수님의 이름으로 기도했습니다.'

"김 전도사, 설교자는 말 한 마디, 문장 한 줄도 신중해야 해. '하나님의 말씀을 가지고 장난치지 않게 하시고, 까불지 않게 하옵소서'보다는, '하나님의 말씀을 온전하게 전하는 통로로 사용하시고, 겸손하지만 담대한 마음으로 나아가게 하옵소서'가 더 낫지 않을까?"

그랬다. 젊은 신학도답게 호기롭게(아니, 그것이 멋인 줄 알고) 과격한 단어를 거침없이 사용했는데, 목사님은 나의 부족함을 놓치지 않고 바르게 교정해 주셨다. 그날 이후로 단어 하나, 문장 하나에도 신중에 신중을 기한다.

이후로 고향 교회에서 사역하는 5년 동안, 목사님에게 목회적 훈련과 사랑을 한없이 받았다. 그 은혜를 다 헤아릴 수 없다. 다만 어디를 가든, 누구를 만나든, 이 사실을 알린다.

"나는 신갈교회에서 목회의 첫 단추를 끼워서 얼마나 감사한지 몰라. 이승우 목사님에게 목회 첫 수업을 받아서 얼마나 다행인지 몰라."

이 말은 사실이다. 참이다. 진심이다. 조금의 보탬도 꾸밈도 없다. 목사님에게서 우직함과 성실함을 보고 배웠고, 참됨을 알아 갔다.

그런데 이제 나의 약함과 악함을 덮어 주실 목사님이 안 계신다. 어딜 가나 자랑하던 나의 목사님이 계시지 않는다. 믿음의 선진들의 열렬한 환호를 받으며 천국으로 이사 가셨다. 아직도 꿈인 듯만 싶다.

목사님이 떠나신 자리에 큰 웅덩이 하나가 덩그러니 남았다. 죄송함과 고마움, 아쉬움과 안타까움이 만든 웅덩이는 크고 깊다. 나뿐 아니라, 목사님으로부터 똑같은 사랑을 받았던 신갈교회 모든 성도가 동일한 마음이리라. 이제는 갚을 길 없기에, 눈물로나마 그 마음을 표현해 보지만, 이내 말라 버리는 눈물이

야속하다. 언젠간 꼭 한번 따뜻한 국밥 한 그릇 대접해 드리고 싶었는데, 그러지 못한 죄송함에 마음이 저리다.

"목사님, 나중에 천국에서 뵈면 따뜻한 국밥 한 그릇 꼭 대접하겠습니다."

참되자.

마지막으로, 형제자매 여러분,
무엇이든지 참된 것과, 무엇이든지 경건한 것과,
무엇이든지 옳은 것과, 무엇이든 순결한 것과,
무엇이든 사랑스러운 것과, 무엇이든지 명예로운 것과,
또 덕이 되고 칭찬할 만한 것이면,
이 모든 것을 생각하십시오.
그리고 여러분은 나에게서 배운 것과
받은 것과 듣고 본 것들을 실천하십시오.
그리하면 평화의 하나님께서
여러분과 함께하실 것입니다.

(빌 4:8-9)

## 무릎 쓴 기도
## 무릅쓴 기도

오늘로 100일 작정 기도를 마쳤다. 오래전 치료를 끝낸 암이 23년 만에 같은 자리에 재발하여 또다시 긴 치료 과정을 시작하신 우리 집사님의 아픔에 전능자의 손길을 구하고자 시작한 기도다. 기도가 사람의 소원을 하나님께 관철(貫徹)시키는 것이 아님을 잘 안다. 하지만 집사님의 눈물에 주께서 위로와 치유의 손길을 내밀어 주시길 바라는 간절함으로 100일간 새벽 시간을 드렸다.

무사히 마쳤지만, 처음에는 순탄치가 않았다. 작정 기도를 하기로 마음을 먹자마자, 내 안에서는 작정 헌금을 정하는 일로 '두 마음'의 소동이 일어났다.

작정 기도이니만큼 매일 작정 헌금을 드려야겠다고 생각해서, 일정 금액을 생각했다. 하지만 넉넉할 리 없는 시골 교회 목회자로서는 조금(아니, 많이) 부담이 되는 금액이었다. 그러니 당연히, 처음 생각했던 금액보다 조금 적은 금액으로 봉헌할까 싶은 마음이 들기 시작했다. 하지만 금액을 낮추자니 또 마음이 편치 않았다. 그래서 아내에게 지혜를 구했다. 그러자 아내는 1초의 망설임도 없이 이렇게 답한다.

"당신에게 처음 주신 마음으로 매일 작정 헌금을 합시다. 그리고 고민하고 있을 것 같아서 미리 말하는데, 집사님께서 일주일에 한 번씩 10주 동안 치료를 받으신다고 해서 그 기간에 맞춰 70일만 작정하지 말고, 딱 100일 작정해서 기도합시다. 살림을 조금 줄여 볼게요."

사실 헌금뿐 아니라 기간을 정하는 것도 마음이 많이 쓰였는데, 한 번에 모든 답을 주었다. 역시 아내는 참 지혜자다.

100일 동안 우리 내외만 아니라 온 교회가 함께 집사님을 위해서 기도했다. 이 기간에 눈에 띄는 호전이 있으면 좋았겠지만, 집사님은 여전히 집중치료실에서 지지부진한 시간을 보내고 계신다. 그런데도 찾아뵐 때마다 어린아이 같은 미소로 반겨 주시니, 그 모습에 애써 천연한 표정으로 참고 있던 눈물이 나도 모르게 툭 떨어진다.

    100일 작정 기도는 마쳤지만, 내일도 모레도 나는 전능자의 손길을 구할 참이다. 우리 집사님의 약한 육신을 성령님이 만져 주셔서 더욱 온전해지기를 기도한다. 더불어 웃자란 내 마음도 성령님이 만져 주셔서 더욱 아름다워지기를 기대한다. 참되자.


    믿음으로 간절히 드리는 기도는 병든 사람을 낫게 할 것이니, 주님께서 그를 일으켜 주실 것입니다.…

(약 5:15)

# 꽤나 괜찮았던
# 교회창립감사주일

오늘은 교회창립감사주일로 예배드렸다. 우리 교회는 1974년부터 오늘까지 도천/도원 지역에 복음을 전하고 있다. 그 50년을 지나는 동안, 신앙 1세대의 소천과 신앙 2세대의 전출, 토속종교와 불교의 박해 등으로 많은 어려움을 겪었다. 하지만 현재 우리 교회는 할매들의 순전한 믿음과, 귀농한 성도들의 사랑의 섬김으로 다시금 주신 사명을 감당하고 있다.

이번 교회창립감사주일을 기다리며, 의미 있는 사역을 하고 싶은 마음에 특별한 순서를 마련하거나 특별 게스트를 초대하려고 생각했다. 하지만 마음의 간절함이 무색하게도, 현실적으로 어떠한 행사도 할 수 없는 여건에 마음이 참 무거웠다. 그러던 중, 남선교회 평창지방연합회 회장님으로부터 연락을 받앉다.

"남선교회 계삭회 및 순회예배를 도천교회에서 드리려는데 가능한지요?"
"그럼요, 장로님. 너무 좋습니다."

두 번 생각할 필요가 없는 하나님의 응답이다.
우리 교회는 동부연회 평창지방회에 속한 교회들 중에서 가장 멀리 떨어져 있다(행정구역상으로도 평창이 아닌 영월이다). 그러다 보니 자연스레 남선교회, 여선교회, 청장년선교회 등등의 지방회 행사로부터 열외 아닌 열외가 되었다. 내가 부임하던 2016년에 부임 인사와 더불어 열렸던 교역자회의가 전무후무한 지방회 행사였으니, 무슨 말을 더 할까?
그럼에도 꼭 한 번은 평창지방회의 단체(남선교회, 여선교회, 청장년선교회)를 초청하고 싶은 마음이 간절했다. 그러던 차에 좋은 기회가 생긴 것이다. 전화를 끊고, 성도들에게 마음을 나눴다.

"이번 교회창립감사주일에 의미 있는 사역을 하고 싶어서 이 모양 저 모양으로 알아봤는데 여의치 않았습니다. 그런데 이번에 지방회 남선교회 회원들을 섬길 기회가 생겼습니다. 지금까지 우리 교회가 받기만 했지, 한 번도 평창지방회의 단체를 섬긴 적이 없는데, 이번 교회창립감사주일에 제대로 한번 섬겨 봅시다."

나의 제안에 감사하게도 모두가 '아멘'으로 화답하여, 간식부터 저녁 식사까지 섬기기로 했다.

그리고 오늘. 우리 교회가 할 수 있는 최선으로, 남선교회 회원들을 섬겼다. 우중에도 많은 회원이 참석하여 자리를 빛내주었고, 우리 교회를 위해 기도해 주었다. 예배를 통해 한 성령 안에서 하나됨의 기쁨을 누렸고, 소찬이지만 애찬을 통해 초대교회의 사랑을 맛보았다. 무엇보다 기쁨으로 감당하는 우리 성도들의 사랑의 섬김이 곳곳에서 빛났다. 오늘의 이 자리가 우리 교회에도, 남선교회에도 복이 되었으리라.

교회창립감사주일에 아무것도 할 수 없는 상황에 살짝, 아니, 솔직히 많이 낙심했었는데, 하나님이 이렇게 멋진 이벤트를 기획하셔서 귀한 일을 감당하게 하셨다. 주일 오전 예배 때 '내어맡김'에 관한 말씀을 나누었는데, 실상 그 의미를 가장 모르는 사람이 나 자신이었음을 깨닫는다. 많이 부끄럽다. 그럼에도 무한대의 사랑으로 품어 주는 성도들이 고맙고, 감사하다.

오늘이 지나면 고마움이 반감될 듯싶어, 찐빵을 사서 고생한 성도들을 방문했다. 늦은 시간인데도 환한 얼굴로 반겨 주니, 하루의 피로가 다 풀린다. 오늘 참으로 기분 좋은 창립감사주일이었다. 참되자.

사람이 마음으로 자기의 앞길을 계획하지만,
그 발걸음을 인도하시는 분은 주님이시다.
(잠 16:9)

참된 위로
눈을 위로

## 참된 위로
눈을 위로

나는 텅 빈 예배당이 좋다. 가만히 눈을 들어 십자가를 바라보고 있노라면, 다함없는 위로를 받는 기분이다. 아마도 군 시절 아무도 찾지 않는 새벽 예배당에서 군종 장교님과 후임 군종과 나, 이렇게 셋이서 기도했던 때가 생각나서일 게다.

막사 형태의 군 교회 예배당은 여름에는 그나마 버틸 만했지만, 겨울이면 너무너무 추웠다. 작은 석유난로 하나를 가운데 두고 둘러앉아 기도하고 있으면, 차가운 콘크리트 바닥의 냉기가 온몸을 타고 올라왔다. 한없이 추웠지만 매일 새벽 예수님께 심방 받는 기분이 들어 신기하게도 마음은 따뜻했다. 텅 빈 예배당에서 나는 하나님을 "아버지"라고 처음 고백했다.

2013년, 수련 목회자 과정을 마치고 목사 안수를 받았지만, 아직 임지가 결정되지 않아 갈 곳이 없었던 그해, 울릉도에서 7개월을 살았다. 아침저녁으로 걷고 또 걷고, 또 걸었다. 걷는 것밖에는 할 수 있는 것이 아무것도 없었다. 걷고 걷다가 갯마을 작은 예배당에 들러서 마룻바닥에 무릎을 꿇고 엎드려 있다 보면 몽글몽글한 눈물이 맺혔고, 이내 울음이 터졌다. 고맙게도, 밀려드는 파도에 굴러가는 몽돌 소리가 흐느껴 우는 내 울음소리를 가려 주었다. 나는 매일같이 예배당을 찾았고, 하루도 빠짐없이 위로하시는 하나님을 마주했다.

3년 뒤, 부산에서의 부교역자 사역을 마치고, 강원도 영월의 산골 교회에 부임했다. 성도는 할매 세 분, 할배 한 분이 전부였다. 막막하고 깜깜했던 나는 습관처럼 빈 예배당에 들어가 몇 시간이고 가만히 앉아 있었다. 이따금 뒤틀렸다 풀리는 장의자 소리가 들려오고 마룻바닥에서 꿉꿉한 냄새가 올라오는, 내가 좋아하는 빈 예배당이다. 이렇게 빈 예배당에 몸을 맡기는 것만으로도 큰 위로가 되었다.

오늘도 빈 예배당을 찾았다. 너무 억울해서. 너무 속상해서. 너무 화가 나서. 그리고 너무너무 아파서. 연신 고래고래 소리를 지른다.

얇은 신음을 내뱉을 즈음, 그제야 십자가가 눈에 들어온다. 멍하니 십자가를 바라보고 있노라니, 우리 주님이 물으신다. "이제 다 울었니? 이제 좀 괜찮아?" 그리고 오늘도 어김없이 꼬옥 안아 주신다. 하염없이 흐르는 눈물을 닦아 주신다. 나의 슬픔을 예수님의 평안으로 덮어 주신다.

그 긍휼이 오늘도 깊고 높다. 그 은혜가 오늘도 크고 넓다. 그 사랑이 오늘도 짙고 선명하다. 이만한 위로가 어디 있을까?

그래서 나는 빈 예배당을 찾는다. 눈을 든다. 십자가를 바라본다. 그리고 우리 주님의 위로를 받는다. 참되자.

나는 평화를 너희에게 남겨 준다.
나는 내 평화를 너희에게 준다.
내가 너희에게 주는 평화는
세상이 주는 것과 같지 않다.…

(요 14:27)

"이곳이
네 교회냐?
내 집이지!"

우리 교회 예배당은 50년 전에 반지하로 건축되었다. 재정이 부족했기에 벽체는 강가의 모래를 퍼다가 최소한의 시멘트만 비벼서 벽돌을 만들어 쌓고 5밀리미터 두께의 얇은 공작용 스티로폼을 덧댄 후 합판을 붙여 마무리했다. 바닥 역시 별다른 방수 작업 없이 시멘트 미장으로 마감했으니 허술하기 그지없는 건물이다. 그러다 보니 단열이 제대로 되지 않았고, 장마철이면 반지하 예배당에 물이 차서 양수기로 물을 퍼내는 수고를 해야 했다.

감사하게도 2002년도에 같은 지방회에 속한 한 교회에서 우리 교회를 수리해 주었다. 무릎 높이의 각목들로 기둥을 세우고, 그 위에 집성목을 올려서 마룻바닥 형태로 만들어 주었다.

그래서 보기에는 제법 괜찮은 1층 예배당이 되었다.

하지만 반지하 공간을 흙과 돌로 매립하지 않았기에, 여름이면 여전히 물이 차서 습기가 올라오고, 겨울이면 마룻바닥 틈새로 찬바람이 올라와서 무릎이 시리다. 그러다 보니, 여름에 설교 한번 하고 나면 속옷까지 다 젖고, 예배 마치기가 무섭게 누가 먼저랄 것 없이 얼음물을 찾는다. 겨울이면 털실내화를 신고 겹겹이 쌓은 방석들 사이로 발을 넣어 보지만, 별 소용이 없다. 성도들은 무릎담요를 어깨까지 뒤집어 쓰고, 손에는 장갑을 끼고 방한용품을 총동원해서 예배를 드리니, 전하는 자나 듣는 자나 예배 시간이 곤욕이다.

그런데 올해 초, 예상치 못한 곳에서 문제가 발생했다. 어느 날 강단에 섰는데, 20년 전에 보수했던 예배당 천장이 올챙이 배처럼 볼록 튀어나온 것이다. '괜찮겠지?' 하며 애써 외면했는데 한 주, 보름, 한 달이 지나면서 무게를 이기지 못한 마감재가 벌어지기 시작했다. 이제는 손가락 하나가 쑥 들어간다.

당연히 천장을 볼 때마다 한숨이 나온다. 인터넷을 찾아보고, 견적도 내 보니 깊은 한숨만 나온다. 산골 교회에서 감당하기에는 너무 큰 금액이다. '차라리 교회를 다시 건축하는 편이 낫겠다' 싶고, '어디 큰 교회에서 창립 몇십 주년 기념으로 시골 교회 예배당 세워 주는 농촌 선교 사업 같은 거 안 하나?' 하는 생각이 들어, 가깝게 지내는 목사님들에게 앓는 소리를 해 본다.

어느 새벽, 기도를 하다가 멍하게 천장을 바라보는데, 하나님께서 이런 마음을 주신다.

"진호야, 이곳이 네 교회냐? 내 집이지! 걱정하지 마."
"…네, 맞습니다. 하나님의 집이니, 하나님께서 어떻게든 하시겠지요!"

그렇게 하나님께 맡기기로 했다(사실, 그럴 수밖에 없는 상황이다).
그 주간, 같은 지방회에 속한 한 교회에 공사를 도와주러 갔다. 작업 중간 쉬는 시간에 이런저런 이야기를 하다가 "저희 교회도 천장 공사를 해야 하는데 엄두가 나지 않네요"라고 말했더니, 옆에 계시던 감리사님이 마침 잘됐다며 반색을 하셨다. 오늘 오시는 길에 지방회 청장년선교회 회장의 전화를 받았는데, 동부연회 사업으로 지방회 내에 수리할 교회가 있는지 물어라는 것이다. 그래서 우리 교회 상황을 말씀드렸다.

며칠 후, 청장년선교회에서 답사를 왔고, "언제 무너질지 모르는 위험한 상황이니, 연회에서 지원금이 나오면 장마 전에 공사를 시작하겠다"라는 결론이 내려졌다. 당장 공사를 시작하자는 확답을 주었다면 더욱 좋았겠지만, 걱정하지 않는다.

이미 지방회 안에 달란트를 가진 장로님이 연락을 주셔서 재능기부를 해 주겠다고 하셨고, 젊은 목회자들도 힘을 모아 주기로 했다. 또 내일은 동부연회 청장년선교회에서 실사하러 온다.

빠르지도, 느리지도 않게 하나씩 일을 만들어 가시는 하나님이다. 매번 느끼는 것이지만 단독 목회의 가장 큰 은혜는, 일하시는 하나님을 가까이서 목도한다는 것이다.

이번 기회에, 그동안 교회 공사를 위해 모아 두었던 목적헌금과 적립금을 더해서 예배당과 사택의 전기 공사도 함께 진행하려고 한다. 사실 공사는 이미 시작되었다. 감사하게도 무명으로 마중물 헌금을 한 성도, 그리고 30년 만기된 보험금 전액을 헌금한 성도가 계시다. 이렇게 먼저 관심을 두고 마음을 모으는 성도들의 사랑과 섬김으로 하나님 보시기에 선하고 아름다운 공동체로 세워져 가니 감사하다. 물론 이후에 진행되는 모든 절차가 걱정되기도 한다. 하지만 다시금 기억한다.

"진호야, 이곳이 네 교회냐? 내 집이지! 걱정하지 마."

참되자.

하나님께서는

만물을 그리스도의 발 아래 굴복시키시고,

그분을 만물 위에 교회의 머리로 삼으셨습니다.

교회는 그리스도의 몸이요,

만물 안에서 만물을 충만케 하시는 분의 충만함입니다.

(엡 1:22-23)

# 이렇게
# 목사가
# 되어 간다

일 년에 사나흘 정도, 새벽기도회에 아무도 나오지 못하시는 날이 있다. 오늘이 바로 그날이다. 아마도 농번기에 고단한 몸을 이기지 못해서, 새벽녘에 일어나 성경을 읽다가 예배 시간을 놓쳐서, 불면증으로 밤잠을 설치다 새벽녘에서야 잠이 들어서 나오시지 못했을 것이다.

    이런 날은 목소리에 힘이 더 들어간다. '오늘은 우리 성도들을 대표하여 예배드린다'라는 소박한 책임감에서일 게다. 텅 빈 예배당의 허공을 향해 소리 높여 말씀을 전하는 내 모습이 우스꽝스럽다. 하지만 한편으로는 새벽마다 기도하러 나오시는 성도들에게 다시금 고마움을 느낀다.

생각해 보면, 새벽기도회에 나오시는 성도들이 오늘까지 나를 붙잡아 주었다. 나는 지극히 악하고 약한 자이기에 쉬이 육신의 안락함을 따랐을 것인데, 성도들이 친히 '하늘의 사냥개'(프랜시스 톰슨의 표현)가 되어 나를 움직인다. 이렇게 나는 목사가 되어 간다.

아침 묵상을 마치면, 다른 분들은 몰라도 우리 할매 댁은 가 봐야겠다. 새벽기도회에 왜 못 오셨느냐고 따져 묻기 위함이 아니다. 밤사이에 혹시 어려운 일이 생긴 건 아닌지 확인하기 위함이다. 아무래도 어르신 성도라서 걱정이 된다. 전화해도 되지만, 이참에 가서 얼굴도 한 번 더 보고 손도 한 번 더 잡아 드리면 좋지 않은가? 이런 게 시골 목회의 재미 아닌가? 마침 어제 사다 놓은 자두가 있으니, 몇 알 챙겨 가면 참 좋아하시겠다. 아, 좋다. 참 좋다. 참되자.

> 주님께서 내 마음에 안겨 주신 기쁨은
> 햇 곡식과 새 포도주가 풍성할 때에 누리는
> 기쁨보다 더 큽니다.
> (시 4:7)

## 세상에 빚진 자일까
## 세상에 빛인 자일까

♬…근데 니가, 니가 왜 거기서 나와. 니가 왜 거기서 나와. 사랑을 믿었었는데 발등을 찍혔네…♪

아침부터 온 동네가 시끌시끌하다. 이 노래가 끝나면 이장님의 안내 방송이 이어질 것이다.

"아, 아. 도천리 주민 여러분, 이장입니다. 오늘은 우리 마을 부역이 있는 날입니다. 8시까지 마을회관 앞으로, 한 가정에서 한 분 이상씩 나오시기 바랍니다. 다시 한번 알려 드립니다.…"

어제 이미 반장님으로부터 공지를 받은 터라, 복장을 갖추고 한 손에 낫을 들고 일찌감치 회관 앞으로 나갔다. 먼저 나와 계신 어르신들에게 인사를 하고 우리 성도들을 찾는다. 그리고 지난 주일예배 광고 시간에 했던 이야기를 다시 한번 한다.

"권사님, 집사님, 오늘 우리는 빛과 소금으로 나왔습니다."

이렇게 미리 단속하는 이유가 있다. 우리 교회는 근 50년 전에 이곳 도천리에 세워졌지만, 늘 작은 교회였기에 마을과 이웃에게 빛과 소금으로서 선한 영향력을 끼친 적이 없다. 오히려 그동안 마을로부터 많은 빚을 졌다. 모두가 못 먹던 시절에는 사택 앞에 쌀과 야채를 가져다주셨다고도 하고, 최근까지 여름 장마로 예배당에 물이 차면 양수기를 가져다가 물을 빼 주셨다. 또한 이 모양 저 모양으로 할매 성도들의 손과 발이 되어 섬겨주셨다.

오늘은 그동안 마을에 진 빚을 갚는 날이다. 마을에 빛을 비추는 날이다. 감사하게도 성도들 대부분이 부역에 참석하셨다.

"권사님, 집사님, 오늘 우리는 빛으로, 소금으로 나왔습니다. '빛은 빛을 내면 되고, 소금은 맛을 내면 된다'라고 어제 말씀드렸지요? 힘드시겠지만 우리 성도들이 지저분하고 힘든 일에 먼저 자원합시다. 누군가는 해야 하는 일이라면, 눈치 보지 말고 우리가 합시다. 목사인 저부터 하겠습니다."

고개를 끄덕이며 미소로 화답하는 우리 성도들이 참 든든하다. 기회가 되는 대로 우리 마을을 더 많이 섬기고 싶다. 참되자.


너희는 세상의 빛이다.…너희 빛을 사람에게 비추어서,
그들이 너희의 착한 행실을 보고,
하늘에 계신 너희 아버지께 영광을 돌리게 하여라.
(마 5:14, 16)

# 우리의 탐심은
# 하나님의 탄식

"십계명 중에서 가장 경계해야 할 계명이 열 번째 계명인데, 모든 죄가 열 번째 계명을 어김으로부터 나온다. 인류의 첫 죄는 불순종이 아닌, 인간의 탐심이다."

신학생 시절, 지도 교수님이 하셨던 말씀이다.

아내의 고향은 울릉도다. 울릉도 하면 호박엿이 가장 먼저 떠오르지만, 그 못지않게 알아주는 것이 명이나물이다. 야생에서 자란 명이는 그 맛과 향이 더욱 짙어서 고기와 곁들여 먹으면 찰떡궁합이다. 1년에 한 달 정도 딸 수 있는 자연산 명이는 다른 산나물에 비해 높은 가격에 매매된다. 이를 장아찌로 만들어 팔면 그 값이 갑절로 뛰니, 섬사람들에게는 큰 수입원이다.

하지만 섬사람들은 명이를 채취할 때 이파리 두 장 중에 한 장만 끊고, 반드시 한 장은 남겨 둔다는 무언의 약속이 있다. 그리고 산 중턱까지만 명이를 끊고 일을 멈춘다. 내년을 위해서다. 정부에서도 자연산 명이를 보전하기 위해 정해진 기간에만, 미리 허가를 받은 울릉군민들만 하루 정해진 양 이하로 채취하도록 엄격히 정해 놓았다. 문제는 명이 철만 되면 육지 사람들이 울릉도에 들어와 명이 씨를 말려 버린다는 것이다.

육지에서 들어온 사람들에게 자비란 없다. 이파리 두 장을 다 끊고, 그것도 모자라 한 잎이라도 더 끊으려고 골짜기의 절벽까지 가서 나무에 로프를 연결하여 닥치는 대로 명이를 끊는다. 그러나 그 기쁨도 잠시, 사람의 무게를 이기지 못한 나무가 뿌리째 뽑혀 절벽 아래로 떨어진다. 화산섬인 울릉도는 토양의 특성상 나무가 뿌리를 깊게 내리지 못하는데, 정부 방침을 무시하고 몰래 들어온 육지 사람들이 이를 알 리 없다. 그 결과, 탐심 때문에 한 해에 보통 일곱 명 이상은 추락 사고를 당한다.

이 시기에 처가를 방문하면 아버님이 명이를 끊으러 나가시며 습관처럼 하시는 말씀이 있다.

"김 서방, 명이가 바람에 흔들리면 꼭 만 원짜리 지폐 한 장이 펄럭이는 것 같아. 그래서 그거 한 장 더 끊으려다가 죽는 기다. 그건 돈이 아니라, 독이디 독."

탐심은 바닷물과 같아서 먹으면 먹을수록 해갈할 수 없는 목마름만 더해진다. 과유불급이라는 말처럼 무엇이든지 과하면 없느니만 못하다. '조금만 더' 가지려는 탐심은 우리의 몸과 영혼을 병들게 한다. 에덴동산에 가득하던 과일들을 누리는 대신, 금지된 선악과를 탐냈던 아담과 하와의 모습에 하나님은 탄식하셨다. 여리고성 전투에서 승리한 온 민족의 기쁨을 시날산의 아름다운 외투 한 벌과 은금으로 바꿔 버린 아간의 탐욕에 하나님은 탄식하셨다. 초대교회의 부흥 속에서도 탐심을 이기지 못했던 아나니아 부부의 모습에 하나님은 탄식하셨다. 탐심은 하나님의 탄식을 부른다.

무슨 일에든지 욕심을 부리기보다, 자족하는 기쁨을 가져야겠다. 참되자.

사람이 시험을 당하는 것은 각각 자기의 욕심에 이끌려서,
꾐에 빠지기 때문입니다. 욕심이 잉태하면 죄를 낳고,
죄가 자라면 죽음을 낳습니다. (약 1:14-15)

# 배짱 좋은 주인장이
# 맛 좋은 음식을 낸다

예로부터 "울릉도에는 거지가 없다"라는 말이 있을 정도로 먹거리가 풍성하다. 사면이 바다이고, 원시림인 지형이라 어딜 가도 쉽게 먹거리를 구할 수 있으니, 틀린 말은 아니다.

그중에서도 단연 으뜸은 '따개비 손칼국수'다. 울릉도 여행을 생각한 사람이라면 한 번쯤은 들어 봤을 음식이다. 나 역시 울릉도에 입도하면 제일 먼저 따개비 손칼국수를 먹는데, 배멀미로 울렁거리는 속을 달래는 데에는 이만한 음식이 없다.

울릉 도동항에 내리면 이곳저곳에 원조라는 따개비 칼국수집이 많다. 하지만 진짜 원조는 따로 있다. 이곳 주인장의 배짱이 대단한데, 다음과 같은 철칙이 있다.

**첫째**, 따개비는 반드시 울릉도에서 채취한 것을 쓸 것.

**둘째**, 따개비를 구하지 못하면, 그날은 장사하지 않을 것.

**셋째**, 따개비 육수는 새벽 5시 30분부터 새롭게 뽑아 하루만 쓸 것.

**넷째**, 따개비는 갈지 않고, 통으로 쓸 것.

**다섯째**, 따개비의 가격이 올라도 넉넉하게 넣을 것.

**여섯째**, 칼국수 면은 전날 오후에 준비하고, 반드시 기계가 아닌 손으로 치댈 것.

**일곱째**, 하루에 딱 40그릇만 팔 것.

**여덟째**, 가게에 연예인 사진과 사인을 걸어 두지 않을 것.

여기에 40년 손맛이 더해지니, 맛이 없으면 이상할 정도다. 이렇게 지킬 것을 다 지키다 보니, 몸은 고생이지만 자부심만큼은 우주 최강이다. 주인장의 모습을 보면서, '나에게도 저런 믿음의 배짱이 있으면 좋겠다'라는 생각을 해 본다.

어릴 적에는 나도 어른이 되면 무서운 것도, 겁나는 것도 없을 줄 알았다. 목사가 되면 믿음이 더 좋아질 줄 알았다. 그런데 염려와 두려움은 더 많아졌고, 어릴 적에 가졌던 원초적인 믿음마저 사라졌다. 그러니 담대해야 할 때 담대하지 못하고, 믿음을 써야 할 때 쓰지 못하는 겁쟁이가 된 지 오래다.

 왜 그럴까? 아마도 원칙과 기준이 선명하지 않아서일 게다. 어릴 적부터 오늘까지 의당 절대적인 기준은 '하나님' 그리고 '하나님 말씀'이다. 하지만 이 기준이 내 감정과 상황에 따라 조금씩 변하고, 필요한 말씀만 기억하여 행동하니, 점점 흐릿해져 간다. 그래서일까? 열심은 있지만, 배짱 한번 부리지 못하는 경우가 부지기수다. 웃픈 현실이다.

 믿음의 선진들이 받은 '하나님 마음에 합하다'라는 칭찬은, 분명 그들 삶 속에 하나님 말씀이라는 기준이 선명히 드러났기에 얻을 수 있었던 인정일 게다. 담대할 때 담대하고, 믿음이 필요할 때 믿음을 쓸 줄 알았던 선진들의 그 용기가, 그 배짱이 참 부럽다.

 느리고 한참 돌아가더라도, 어리숙하고 답답해 보일지 몰라도, 하나님 말씀을 분명히 붙잡아 마음을 지키고, 생각을 지키고, 입술을 지키고, 행동을 지킴으로 바르고 참된 목회의 길을 가고 싶다. 배짱도 부려 가면서 말이다.

사실 그 주인장은 아내의 어머니, 내 장모님이다. 처가에 갈 때마다 장모님이 끓여 주시는 따개비 손칼국수는 정말 일품이다. 따개비 맛이나 손맛으로만이 아니라, 그 원칙과 배짱에서 우러

나오는 깊은 맛이 일품 중의 일품이다. 자라면서 어머니를 지켜봐 온 덕에 아내 또한 심지가 곧고 또한 굳다. 사위로서 장모님에게 존경과 감사의 인사를 드리는 이유다.

배짱 좋은 주인장이 끓여 주시는 따개비 손칼국수가 생각나는 아침이다. 참되자.


오직 너는 크게 용기를 내어,

나의 종 모세가 너에게 지시한 모든 율법을 다 지키고,

오른쪽으로나 왼쪽으로 치우치지 않도록 하여라.

그러면 네가 어디를 가든지 성공할 것이다.

(수 1:7)

# 다름을
# 다움으로
# 바라보기

주일 저녁 예배를 준비하러 예배당으로 건너가는 길, 앞집 아저씨가 나를 보더니 반색을 하신다.

"목사님, 여 와서 맥주 한 캔 하고 가소."

목사에게 맥주를 마시자니, 너무한 것 아닌가 생각할지 모르지만, 아니다. 그동안 종종 마주쳐도 어색하게 눈인사만 주고받는 사이였는데, 오늘은 웬일로 농까지 던질 정도로 마음을 여셨으니 오히려 감사한 일이다. 내가 맥주를 못 마시는 것은 아실 테지만, 술 한 잔 하자는 것은 그분의 인사이고 친근함의 표현이다. 세상 사람들이 함께 술잔을 기울이며 친해지듯이 나와

좀더 친해지고 싶어서 건네는 말이라는 것을 나도 잘 안다.

"아저씨, 제가 예배만 아니면 술친구 해 드렸을 텐데 죄송해요. 주중에 콜라 한 캔 가지고 갈게요."

나도 아쉬워 주중 약속을 제안해 본다. 그러자 아저씨, "나는 이래서 목사님이 좋아요" 하며 껄껄 웃으신다. 호탕한 웃음소리가 교회 마당을 덮는다. 그만큼 나와 아저씨 사이도 조금 더 가까워졌으리라.

사랑은 상대의 '다름'을 '다움'으로 보는 눈이 열리는 것이다. 나와 '다른' 그 사람의 모습을 그 사람'다운' 모습으로 볼 줄 알게 되는 것이다. 나의 나다움, 친구의 친구다움, 계절의 계절다움을 볼 줄 아는 것이 사랑이다. 그래서 아름다움이다. 반대로 그 사람'다움'을 나와 '다름'으로 보기 시작하면 그 끝은 언제나 미움과 시기, 원망과 다툼이다.

"네가 내 눈에 보배롭고 존귀하[다]"(사 43:4, 개역개정) 하신 하늘 아버지의 마음을 따라, 존재하는 모든 것을 '다움'으로 바라볼 때 비로소 진정한 사랑의 크기와 깊이를 알게 되지 않을까? 참되자.

사랑은 다름이 아니라 하나님의 계명을 따라 사는 것입니다.

계명은 다름이 아니라, 여러분이 처음부터 들은 대로,

사랑 안에서 살아가야 한다는 것입니다.

(요이 6절)

# 한 번 더
# 조금만 더

신학생 시절, 호기롭게 '농촌 목회'를 외치며, 이왕이면 가장 젊고 건강할 때 농촌 목회를 경험하리라 마음먹었었다. 목사 안수 후 강원도 영월로 부임하여 산골 예배당 안팎에서 우당탕 좌충우돌하다 보니 어느덧 일곱 해가 지났고, 이래저래 안부를 묻는 분들이 많다. 마음 써 주셔서 감사하다.

7년이라는 시간 동안 사람에 치이고 환경에 치이다 보니, 당연히 견디기 힘든 어려운 시간이 있었다. 누구에게 말 못할 사정도 있었고, 목회의 무거움에 짓눌려 눈물도 많이 흘렸다. 괜한 오해를 받아 억울한 시간을 보내기도 했다. 지칠 대로 지쳐 탈진도 경험했다.

솔직히 말하면, 시골 목회 참 어렵고 힘들다. 도시의 편리도, 젊은 활기도, 각양각색의 사건사고도 없는 농촌의 고된 일상이 무료하게 반복되니, 재미랄 것이 없다고 느낄 때도 있다. 부흥에 대한 조급함 때문에 어르신들의 진득함에 안달이 나기도 한다. 사역의 한계를 느낄 때마다 새로운 임지에 대한 생각이 고개를 든다. 무엇보다, 다듬어지지 못한 내 모난 자아 때문에 가장 힘들다. 내 안의 두 마음이 오늘도 엎치락뒤치락 밀고 당기고를 반복한다. 이 감정과 생각의 끝은 언제나 무기력에 이른다.

그렇게 무기력 속에 밤을 보낸 어느 날, 새벽기도회를 인도하고 내려오는데 우리 할매가, "어젯밤, 자녀들이 백설기 떡을 해 왔어요. 아랫목에 뒀다가 가져오는 거래요"라며 품 안에서 떡 한 덩이를 꺼낸다. 밤새 아랫목에 뒀다가, 예배당으로 오는 길과 예배드리는 그 짧은 시간 동안 떡이 차게 식을까 봐 내내 가슴에 품고 계셨던 것이다.

그날 새벽 내가 받은 것은 떡 한 덩이가 아니라, 할매의 심장이었다(할매가 가슴 품에서 떡을 꺼내는 모습이 내 눈에는 영락없이 심장을 꺼내는 모습처럼 보였다). 모두 돌아가고 빈 예배당에 앉아 아직 온기가 남아 있는 떡 덩어리를 크게 한 입 베어 물며 다짐한다.

"그래. 여기에 우리 주님이 계시고, 함께 마음 나누는 우리 성도들이 있으니 한 번 더 마음을 추슬러 보자. 한 번 더 힘을 내 보자. 한 번 더 십자가를 바라보자."

고요하게 빛나는 유월의 아침 햇살이 온몸을 감싼다. 조금만 더, 참되자.

그리스도 예수 안에서,
하나님께서 위로부터 부르신 그 부르심의 상을 받으려고,
목표점을 바라보고 달려가고 있습니다.
(빌 3:14)

# 회개는
# 희게 하는 능력

주일 저녁 예배를 인도하려고 강단에 오르는 순간, 작은아이가 울기 시작한다. 울음소리가 찬송가 반주를 집어삼킬 듯하다. 아이는 나와 눈이 마주치자 더 서럽게 운다.

예배 후 차량 운행을 마치고 집에 들어오니 작은아이가 품으로 달려온다.

"아빠, 아까 예배 때에 아빠 카드 가지고 놀다가 마룻바닥에 빠뜨렸어요. 그런데 엄마가 아빠한테 거짓말하지 않고 말하면 용서해 줄 거래요."

더듬더듬하며 울먹인다. 이내 눈물이 터질 기세다.

"희수가 아빠한테 정직하게 말해 줘서 고마워. 아빠는 희수가 계속 울길래 무슨 일인가 걱정했거든. 아빠가 '이놈~' 하지 않고 용서해 줄게.

그런데 이거 하나만 기억할래? 다음에 희수가 하나님 앞에 잘못한 일이 있으면, 오늘 아빠한테 정직하게 이야기한 것처럼 하나님께 '하나님, 저 오늘 이거 잘못했어요.'라고 정직하게 말하기다, 알았지? 그러면 오늘 아빠가 희수의 잘못을 용서해 준 것처럼, 하나님도 우리 희수의 기도를 들으시고 잘못한 것을 용서해 주실 거야. 꼭 기억하기다."

"알았어요, 아빠."

대답이 끝나기가 무섭게 몸을 돌려 엄마에게 달려간다. 귀를 쫑긋하여 들어 보니, "엄마!! 아빠가 진짜 '이놈~' 하지 않았어요."

이제 여섯 살인 아이가 얼마나 알아들었을지 모르겠다. 아마 지금쯤 하나도 기억하지 못할 것이다. 그래도 괜찮다. 오늘 아이의 모습을 통해 다시 한번 배운다. 내 죄가 주홍 같고 진홍 같을지라도, 약하고 악한 내 모습 그대로 정직하게 나아가면, 하늘 아버지께서 나의 죄를 사하시고 양털같이 희게 해 주신다. 내가 작은아이를 용서한 것처럼, 나의 하늘 아버지께서 놀라운 은혜로 내 죄를 용서해 주시니, 주저하지 말아야겠다. 참되자.

> 우리가 우리 죄를 자백하면,
> 하나님은 신실하시고 의로우신 분이셔서,
> 우리 죄를 용서하시고,
> 모든 불의에서 우리를 깨끗하게 해 주실 것입니다.
> (요일 1:9)

## 성도의 헌신은
## 충분히 아름답다

예배당 공사의 화룡점정인 십자가가 달렸다. 목공하는 집사님이 일주일 동안 고민하여 나무를 고르고, 또 보름 동안 나무의 결을 최대한 살려 십자가를 완성하셨다.

나무 십자가에 기름칠만 수십 번. 장마철이라 나무에 기름이 제대로 먹지 않을까 싶어 사흘 내내 작업장에 화목 난로를 피워 말렸단다. 그 열정이 대단하다. 흘린 땀은 또 얼마나 될까?

최대한 목사의 편의에 맞게 제작하려고 매번 조심스럽게 의견을 물어 오시지만, 그때마다 나는 웃음으로 대신한다. 섬기고 헌신하려 마음먹기까지 얼마나 고민하며 기도했는지 너무도 잘 알기 때문이다.

그럼 충분한 것 아닌가? 내 엉뚱한 말로 성도의 섬김에 찬물을 끼얹고 싶지 않다. 백번 천번 생각해 보아도 성도의 헌신은 그 자체로 충분히 아름답다.

　댁으로 돌아가시는 길, "목사님, 헌금함도 이제 곧 완성입니다"라며 함박웃음을 짓는다. 고마운 사람. 집사님의 아름다운 헌신으로 새로움에 아름다움까지 덧입었다. 세상 멋진 예배당이다. 참되자.

> 그의 주인이 그에게 말하였다.
> '잘했다! 착하고 신실한 종아.
> 네가 적은 일에 신실하였으니,
> 이제 내가 많은 일을 네게 맡기겠다.
> 와서, 주인과 함께 기쁨을 누려라.'
>
> (마 25:21)

# 이보다 시원한 얼음물이 어디 있을까?

쏟아지는 졸음을 참으며 주일예배 원고를 마무리하는데 쉴 새 없이 진동이 울린다.

"목사님, 어디세요? 저 지금 교회 앞인데, 계시죠?"

순간 졸음이 다 달아난다. 버선발로 나가 보니 반가운 얼굴들이 서 있다. 부산에서 부교역자 시절에 함께했던 제자들이 가정을 꾸렸는데, 강원도로 휴가를 오는 길에 잠시 방문한 것이다.

"목사님 놀래켜 드리려고 아무 연락도 하지 않고 무작정 왔어요."

이 깜짝 방문이 어찌나 반가운지, 땡볕 아래 서 있다가 시원한 얼음물 한 잔을 건네받은 듯 정신이 번쩍 나면서도 눈물이 쏟아질 듯 마음 한켠이 뭉클해지는 느낌이다.

사실 부산 교회 청년들을 생각하면 미안한 마음이 크다. 그 당시 나는 몸이 두 개라도 모자랄 정도로 분주했다. 당연히 성격도 급해졌고, 짜증도 많아졌다. 무엇보다 신학교를 갓 졸업한 상태라 나이도, 생각도 너무 어렸다.

하지만 청년들은 부족하고 모자란 나를 신뢰하고 따라 주었으며 오히려 때때로 나를 위로하고 내 부족함을 채워 주었다. 늦은 밤, 갑작스럽게 연락을 해서 "오늘 첫 월급을 받았다"며 나와 아내의 양말 세트를 전해 준 A 자매, "지금은 목사님이 제게 햄버거를 사 주시지만, 나중에 제가 사회생활 하면 부산에서 제일 비싼 호텔 뷔페에 모시고 갈 테니, 우리랑 계속 함께해요"라던 B 형제(이 약속은 작년에 정말 지켰다), 내가 지쳐 있거나 컨디션이 안 좋을 때면 "목사님, 좋아하는 노래 있으시죠? 찬송 말고 대중가요도 괜찮으니 말씀하세요"라며 스스로 주크박스가 되어 준 C 자매, "명절 잘 보내세요"라며 넉넉지 않은 형편에도 자기 먹을 식량을 나누어 전장 김 두 봉지, 참치 통조림 세 개, 스팸 세 개를 담은 '검은 봉지 선물세트'를 건넨 D 형제…. 생각하면 모두가 고맙고 미안한 지체들이다.

그중에서도 청소년부 시절부터 청년부까지 임원을 도맡았던 Y 자매는 특유의 밝음과 해맑은 웃음으로 모두에게 기쁨을 주었다. 또한 임원으로서 초보 목회자의 실수와 약점 들을 드러나지 않게 잘 덮어 주어, 고마움을 느낄 때가 많았다.

내가 갑작스레 영월로 임지를 옮기게 되었을 때는 Y 자매가 막 사회생활을 시작했을 무렵이었는데, 내 소식을 들은 Y 자매가 어느 중국집으로 날 불렀다.

"목사님, 짜장면 말고 드시고 싶은 것 다 드세요."
"짜장면이면 되는데."
"아줌마, 여기 탕수육도 주세요."

고마움과 미안한 마음에 아무 말 없이 짜장면을 먹었지만, 그때 먹은 짜장면 맛은 지금도 잊을 수가 없다.

두 시간 남짓 이어진 대화에서 그 시절의 수많은 에피소드들이 오갔다. 재밌고 즐거웠던 추억들을 떠올릴 때마다 고마운 것, 미안한 것이 줄줄 따라 나온다. 그런데도 오히려 나에게 '고마운 게 많다'고 하니, 참으로 이상한 일이다.

갑자기 들이닥쳤던 Y 자매 부부는 다음 일정이 있다며 훌쩍 사라졌다. 마치 신기루처럼 짧은 시간이었지만, 한여름날 더위를 날려 버리는 얼음물보다도 더 큰 시원함으로 나를 위로해 준 만남이었다. 이렇게 다시 만난 제자들을 통해, 어리고 부족했던 그 시절의 나를 마주하고 지금의 나를 돌아보며 다짐하게 되는 것 또한 선물이다.

이토록 풍성한 깜짝 선물을 안겨 주고 떠나는 제자들의 뒷모습을 보며 마음껏 축복해 주었다. 청소년 시절에 교회에서 만나서 예쁜 사랑을 하고 선남선녀가 믿음의 가정을 꾸렸으니, 이 가정이 천국과 같은 가정이 되기를 다시 한번 축복한다. 참되자.

사랑하는 이여, 나는 그대의 영혼이 평안함과 같이,
그대에게 모든 일이 잘되고, 그대가 건강하기를 빕니다.

(요삼 2절)

# 기분 좋은
# 의문의 1패

이번 큰비에 산기슭에서 밀려 내려온 진흙으로 마을의 공동 우물이 소실되었다. 동이 트자마자 삼삼오오 힘을 모은다.

"어이, 목사님도 나왔냐?"

반갑게 맞아 주는 어르신들 덕에 텐션이 급폭발했다. 오랜만에 삽을 잡았지만, 군 시절에 터득한 삽질을 몸이 기억해서, 힘 좀 썼다. 어르신들이 무척 좋아하신다.

집에 돌아와 주일 원고를 다듬으려고 책상에 앉았는데, 원고를 쓴 A4 종이 한 장이 천근만근이다. 잘한다, 잘한다 하시는 어르신들 칭찬에 신난 나머지, 너무 힘을 썼나 보다. 갑자기 속

은 기분이 든다. 의문의 1패랄까?

하지만 속은 것도 아니고, 설령 속았다 한들 뭐 어떠랴. 하나도 기분 나쁘지 않다. 오히려 기분이 좋다. 연로한 어르신들 하실 작업을 하나라도 덜어 드렸으니 다행이다. 이렇게 나는 마을 구성원이 되고 있다. 참되자.


우리는 저마다 자기 이웃의 마음에 들게 행동하면서,

유익을 주고 덕을 세워야 합니다.

(롬 15:2)

# 서로
# 질세라

어젯밤 바람이 심하게 불더니, 이제 막 새순이 올라와 자라기 시작한 나리꽃 꽃대가 넘어졌다. 새벽기도를 마치고 나오는 길에 나리꽃을 살피고 있으니 우리 할매가 나오신다.

"밤 사이에 다 넘어졌네요. 이따 손 좀 봐야겠어요."

인사 겸 변명 겸 말을 건넸더니, 우리 할매 그냥 빙그레 웃으신다.

집에 들어가 서재에서 일을 보고 있는데, 전화가 왔다.

"목사님, 나리꽃대 잘 기대 묶었어요. 한곳에서 예쁘게 필

거예요."

아까 말없이 웃으시던 우리 할매, 이 말만 전하시고는 바로 끊으신다. 아침도 자시지 않고, 왔다 가신 모양이다. 내가 충분히 할 수 있는 일인데, 교회의 일이라면 기쁨으로 감당하려는 그 마음이 참 고맙다. 곧이어 귀농하신 권사님께서 비료를 주고 농약을 치고 가신다.

누구에게 질세라(?) 서로 자원하여 섬김이 가득하다. 어쩌면 초대교회가 이 모습이 아니었을까 싶다. 성도들의 사랑의 수고로 교회가 점점 더 아름다워진다. 기쁨이 된다.

요즘 새삼스레 젊은 시절에 시골 목회를 하고 있음이 얼마나 복인지 깨닫고 또 깨닫는다. 이 모양 저 모양이 다 감사하다. 내일 베지밀 한 병 들고 할매를 찾아뵈어야겠다. 참되자.

온몸은 머리이신 그리스도께 속해 있으며,

몸에 갖추어져 있는 각 마디를 통하여 연결되고 결합됩니다.

각 지체가 그 맡은 분량대로 활동함을 따라

몸이 자라나며 사랑 안에서 몸이 건설됩니다.

(엡 4:16)

# 하나님의 마음(心)을 안고
# 찾아가는 심방

우리 교회에는 반평생 교회를 지켜 온 할매들도 있지만, 이제는 귀농/반귀농을 한 성도들의 수가 더 많다. 특히 반귀농 생활을 하는 가정들이 대부분인데, 주중이면 대전, 부산, 인천, 용인, 성남에서 일상을 보내고, 금요일 퇴근 후나 토요일에 영월에 와서 주말을 지낸다. 그리고 주일예배에 참석한 후 다시 삶의 자리로 돌아간다.

먼 길을 오가는 이 일이 고될 법도 한데, 힘든 기색 없이 한 주도 빠지지 않고 기쁨으로 예배당을 찾으니, 감사요 은혜다. 그래서 나는 주일마다 교회를 찾는 우리 성도들을 아기 예수를 보기 위해 기쁨으로 별을 따라갔던 동방의 박사들(마 2:2)에 비긴다. 그러지 않고서는 성도들의 수고를 도무지 설명할 길이 없다.

며칠 전 아내에게 이런 제안을 했다.

"여보, 매주 성도님들이 부산이며 대전 등지에서 오시는데, 우리도 한 번은 심방을 가 봐야 하지 않겠어? 그 길이 얼마나 먼지 우리가 더 잘 알잖아. 나라면 부산에서 매주 올라오기는 쉽지 않을 것 같은데, 코로나 핑계로 우리가 너무 무심했네."

"안 그래도 저도 그렇게 생각했어요. 일부러 여기까지 오시는 성도님들이 너무 귀하고 감사하지요. 성도님들이 매주 다녀가시는 그 수고에 우리도 한번 동참해 봅시다."

강단에서 수없이 '도천 가족'이라고 선포하면서도, 실제로는 가족 대우를 하지 못한 것 같아서 미안한 마음이다. 그래서 8월 한 달 동안 매주 한 가정씩, 사랑 가득 품고 우리 성도들의 삶의 자리로 심방을 다녀오려 한다. 제법 먼 거리라 부담도 되지만 그 길이 아무리 멀다 한들, 매주 그 길을 달려오는 성도들의 수고에 비할까?

긴 장마와 무더위에 지친 우리 성도들에게 목사 부부의 심방이 한여름날의 얼음 생수와 같은 기쁨이기를 바란다. 물론 우리 성도들에게는 비밀이다. 기뻐하실 모습에 벌써부터 기대가 된다.

내일 첫 심방으로 부산을 찾는다. "고향에 간다!" 하며 큰아이가 더 신났다. 오랜만의 부산 방문이라, 나도 설렌다. 참되자.

자녀 된 이 여러분,
우리는 말이나 혀로 사랑하지 말고,
행동과 진실함으로 사랑합시다.

(요일 3:18)

부끄러운 믿음 아니라
부러운 믿음이고 싶다

## 여전히
## 적응 안 돼

7년째 시골 목회를 하고 있지만, 여전히 적응되지 않는 게 몇 가지 있다.

금요기도회 통성기도를 마치고 말씀을 나누는데, 검은 물체가 강단 옆을 호다닥 지나간다. 잘못 본 거라 믿고 싶지만, 맞다. 분명 생쥐가 맞다.

엊그제 새벽예배를 인도하려고 강단으로 나가는 순간 검은 물체를 보았을 때는 잠이 덜 깨서 잘못 봤겠거니 했는데, 오늘 정확하게 본 게다.

머릿속이 하얘지고, 원고가 하나도 눈에 들어오지 않는다. 아무 일 없는 것처럼 말씀을 전했지만, 목사를 바라보는 성도들의 눈빛이 웬일인지 아련하다.

이로써 나는 가을이 왔음을 실감한다. 아침저녁으로 찬바람이 나기 시작하면 생쥐들이 본당을 찾는다. 머리 들어갈 구멍만 있어도 어느새 들어와서 주인 행세를 한다.

어느 해 추수감사주일에는 이놈들이 '감사 제단'의 참깨를 절반 이상 까먹었다. '감사 제단' 위에 밤, 콩, 쌀, 땅콩 등등 여러 곡식이 있었는데, 값비싼 참깨만 골라 까먹은 모습에 어이가 없어 너털웃음이 나왔다. 정말 영특한 쥐새끼다.

말씀을 마치고 강단을 내려오자, 할매들이 먼저 말을 건넨다.

"목사님, 문 잘 닫고 들어올게요."
"쥐새끼도 예배드리러 왔나?"
"끈끈이에 쥐새끼 잡히면 와서 치울 테니, 목사님은 손도 대지 마세요."

여장부 같은 할매들이 있어서 든든하다.

차량 운행 후, 쥐가 다니는 길목에 끈끈이를 설치했다. 내일까지 잡혀야 주일예배에 방해가 없을 텐데 살짝 걱정이다. 성도들이 예배당을 '다다다' 뛰어다니는 생쥐에 '꺄악!' 하며 놀랄 것을 생각하니 벌써 늙는다, 늙어. 여전히 적응되지 않는, 적응하고 싶지 않은 장면이지만, 그래서 더 재밌기도 하다. 오늘도 신나게, 참되자.


　　가장 높으신 주님,

　　내가 주님 때문에 기뻐하고 즐거워하며,

　　주님의 이름을 노래합니다.

　　(시 9:2)

# 부끄러운 믿음 아니라
# 부러운 믿음이고 싶다

우연히 가족사진을 한 장 찾았다. 1993년 겨울, 원주에 계신 외조부 댁에 갔을 때 찍은 사진이다. 사진 속의 아버지가 눈에 들어온다. 지금 내 나이쯤이겠다.

아버지는 말수가 참 적으시다. 사랑 표현도 거의 안 하시지만, 일평생 다른 사람에게 싫은 소리 한 번을 안 하셨다. 오죽하면 장로 취임 예배 때에 '장로에게 부탁하는 말씀'을 하신 목사님이, "김 장로는 청년 시절 너무 착했다. '저렇게 착해서 세상을 어떻게 살아갈까?' 이것이 목사의 걱정이었다"라며 운을 떼셨을까?

  목사님 말씀처럼, 아버지는 당신이 손해를 볼지언정 다른 사람들에게 피해가 생길 일이라면 절대 하지 않으셨다. 내 어릴 적에도 아버지께 야단 한 번, 매 한 대 맞아 보지 않았으니 두말할 필요가 없다. 내가 말을 잘 듣는 아이였기 때문이 아니다. 내 잘못을 보시고도 아버지는 아무 말 없이 넘어가셨고, 이전과 변함없이 나를 지지해 주셨다. 아버지의 그 온유함 앞에 나는 항상 부끄럽기만 했다.

사실 목사는 내가 아니라, 순전한 믿음과 온유한 성품을 지닌 아버지가 하셨어야 한다. 하지만 그 시절 장남의 책임과 무게가 어디 그리 쉬운가. 결국 아버지보다 한참 모자란 내가 목사가 되었으니 부끄럽기 그지없다.

어쩌면, 아버지는 나의 부족함을 너무 잘 아셨는지도 모르겠다. 그래서 아들이 신학교에 입학함과 동시에 새벽기도를 시작하셔서, 눈이 오나 비가 오나 상관없이 오늘까지 이어 가고 계시다. 개구쟁이였던 나의 허물을 온유함으로 덮으셨던 아버지는 이제 부족한 나의 목회를 성실한 기도로 부축해 주신다.

아버지의 성실함은 성경 필사에서도 나타난다. 새벽기도와 함께 시작하신 매일 한두 시간의 성경 필사가 벌써 20년간 이어져, 신·구약 다섯 번을 마치셨다. 오늘도 분명 성경을 쓰고 계실 것이다. 그 모습이 눈에 선하다.

세월이 흘러 내가 사진 속 아버지의 나이가 되어 보니, 어린 내 눈에 답답하게만 비쳤던 아버지의 온유함이 얼마나 깊고 깊은 것인지 이제야 알 것 같다. 신앙 외에 다른 세계는 전혀 마음에 두지 않으시면서 오직 기도와 말씀, 그리고 온유하고 성실한 삶의 모습으로 하나님의 영광을 드러내고자 하시는 아버지의 모습에서 순전한 믿음을 본다.

아버지를 닮아 나 역시 무뚝뚝하여 말도, 표현도 없다. 하지만 나는 누구보다 아버지를 사랑하고 있으며, 일평생 당신이 보여 주셨던 그 정직과 성실을 존경한다. 무엇보다 아버지의 순전한 믿음이 부럽다. 그 온유함을 닮고 싶다. 그 순전함 앞에 부끄럽지 않기를 소망한다. 참되자.

내가 그리스도를 본받는 사람인 것과 같이,
여러분은 나를 본받는 사람이 되십시오.
(고전 11:1)

## 남의 실수에는 발끈
## 나의 실수에는 질끈

코로나 팬데믹에 접어든 지 반년, 이제는 마스크 착용도 일상이 되었다. 불편한 것은 여전하지만, 그래도 공공의 유익을 위해 잊지 않고 마스크를 착용하는 것이 상식이자 예절이다. 그런데 마스크를 착용하지 않은 아저씨 한 분이 분주하게 돌아다니며 통화를 한다. 연신 가재 눈으로 쳐다보며 미간을 찌푸렸다.

며칠 뒤, 공과금 납부를 위해 은행을 찾았다. 유리문을 미는 순간, '앗, 마스크!!' 급하게 움직이느라 마스크 착용을 잊은 것이다. 다시 주차장까지 다녀오자니 시간이 아깝다. '1분이면 되는데 뭘' 하는 생각에, 그대로 ATM 기계 앞에 선다.

똑같이 마스크를 하지 않은 상황인데, 남의 실수에는 야박할 정도로 발끈 화를 내면서, 나의 실수에는 너그럽게 질끈 눈을 감다니, 어쩜 이렇게 다른 마음일 수 있을까? 순간 얼굴이 화끈해진다. 나에게 관대한 것처럼, 다른 사람들도 관대하게 바라보는 온유한 눈, 온유한 마음이고 싶다. 참되자.

또, 아무도 비방하지 말고, 싸우지 말고, 관용하게 하며,
언제나 모든 사람에게 온유하게 대하게 하십시오.
(딛 3:2)

# 믿음을 배우고
# 기도를 배우다

금요기도회의 마지막 순서는 치유를 위한 기도다. 물론, 내게는 치유의 은사도, 능력도 없다. 그럼에도 매번 치유를 위해서 기도하는 것은 믿음으로 드리는 간절한 기도에 역사하실 하나님을 기대하기 때문이다.

"…많이 연로하셔서 몸의 이곳저곳이 아프실 줄 압니다. 육신의 늙어 감을 우리가 막을 수 없지만, 하나님의 선하신 손길이 약한 곳을 만져 주시기를 사모하며 나아갑시다. 여러분들이 아픈 곳이나 불편하신 곳에 손을 얹고 계시면 제가 지나가면서 함께 기도해 드리겠습니다."

목사의 요청에 따라 순전한 믿음으로 아픈 팔, 어깨, 목, 허리, 무릎, 팔꿈치, 머리에 손을 얹으신다. 한 분 한 분 마음을 담아 기도해 드리고 강단으로 올라가려던 찰나, 큰아이가 종아리에 손을 얹고 기도하는 모습이 눈에 들어왔다.

"준수야, 종아리 다쳤어?"
"아니요, 어젯밤 모기에 물렸어요."

순간 웃음이 터져 나오는 입을 틀어막고 간절하게(?) 기도해 주었다. 기도하면서도 피식피식 웃음이 새어 나오는 걸 참느라 고생 좀 했다.
기도회가 끝나고 차량 운행을 다녀와서 준수 방에 들어갔다.

"준수야, 모기 물린 곳 기도해 줬는데 괜찮아?"
"네, 신기하게 안 아파. 다 나았나 봐요."
"아빠 기도에 능력 있다, 그렇지?"
"네, 능력 있는 목사님이에요."

할매들의 모습에서 믿음을 배우고, 아이의 모습에서는 기도를 배운다. 어린아이와 같은 순수한 믿음이 그립다. 어느새 때가 묻고 머리만 커 버린 믿음이 부끄럽다. 주님의 마음은 뒷전이고 나의 유익을 위한 기도만 하고 있으니 심히 유감스럽다. 순전한 마음으로 예수님 잘 믿고 싶다. 참되자.


>그러므로 나는 너희에게 말한다.
>너희가 기도하면서 구하는 것은 무엇이든지,
>이미 그것을 받은 줄로 믿어라.
>그리하면, 너희에게 그대로 이루어질 것이다.
>
>(막 11:24)

## 아버지의
## 자비로우심같이

아저씨가 무리하게 주차를 하시더니, 우리 차량과 작은 접촉 사고가 났다. 크지는 않지만, 범퍼와 그릴, 라이트 부분에 흠집이 나서 평소 알고 있던 공업사를 찾았다. 사고를 내신 아저씨도 "보험 처리를 하자" 하고, 공업사 사장님도 "경미하지만, 수리를 안 하면 볼 때마다 속상할 테니, 그릴 부분이라도 교체를 하라" 한다.

하지만 파손된 것도 아니고 운행에 문제가 있는 것도 아니라서, 사장님에게 보수 작업만 요청했다. 작업이 끝난 후 보니 살짝 티가 났지만, 신경 쓰고 보지 않으면 모른다 싶어서 아저씨에게 전화를 드렸다.

"아저씨, 긁힌 티는 나지만 주행하는 데는 이상이 없으니, 신경 쓰지 마시고 보험 접수 취소하세요. 비용도 얼마 들지 않았으니 수리비는 괜찮습니다."

이렇게 시원하게 통화를 마쳤다. 끝까지 이렇게 시원시원하면 얼마나 좋을까? 문제는 그날 밤부터다. 사람 마음이 이렇게 간사한가 싶다. '범퍼와 라이트는 그냥 두더라도 그릴은 교체했어야 했는데' 하는 생각이 머리를 떠나지 않는다. '다시 전화 드릴까?' 싶은 마음에 수시로 차량에 가서 확인하고 또 확인한다. '내가 왜 그랬을까?' 엄청 후회스럽고, 속이 쓰리고, 잠자리에서는 이미 수차례 이불킥을 날렸다. 내가 보기에도 세상에 이런 속물이 없다.

그런데 다음 날 새벽, 하나님은 이런 나의 마음을 말씀으로 치신다. 우리 교회는 매일 새벽기도회 시간에 MP3 파일로 성경 말씀을 세 장씩 듣는데, 오늘 말씀은 누가복음 4-6장이었다. 열두 제자를 부르신 예수님이 제자들에게 용서와 사랑에 관해 말씀하시며, '너희 아버지의 자비로우심같이 너희도 자비로운 자가 되라'고 말씀하신다. 순간, 얼음이 되었다. 단돈 몇 푼 때문에 밤새 전전긍긍했던, 자비롭지 못한 내 모습을 들켜 버린 것이다.

얄팍한 내 모습에 이미 몇 날을 속상해했지만, 오늘 주신 말씀 때문에 앞으로도 며칠은 더 속상해할 것이다. 하지만 하나님은 그런 나를 나무라지 않으시고, 오히려 명약 처방으로 당신의 너그러움을 배우게 하신다. 하나님의 깊고 짙은 자비로움이 내 안에 잘 녹아들어 아름다운 열매를 맺기를 바란다. 참되자.

너희의 아버지께서 자비로우신 것같이,

너희도 자비로운 사람이 되어라.

(눅 6:36)

# 가지런히

새벽기도를 마치고 나오니, 가지런히 신발이 놓여 있다. 귀농하신 권사님의 손길이다. 내 신발뿐 아니라, 새벽기도에 오신 다른 성도분들의 신발까지 모두 가지런히 줄지어 주인을 기다리고 있다.

"권사님, 제 신발은 제가 할 테니 내려놓지 마셔요."
"목사님, 이렇게 해 두면 신을 신을 때 기분 좋잖아요. 저 어릴 적에 아버지께서 이렇게 가르쳐 주셨어요."

호탕하게 웃으며 말씀하시더니, 오늘도 기어코 정리하셨다. 전에도 몇 차례, 안 그러셔도 된다고 말씀을 드렸건만, 아랑곳

하지 않으신다. 도무지 이길 수가 없다.

이 모양 저 모양으로 지극히 작은 자를 섬기는 성도들의 사랑이 참 크다. 오늘도 나는 성도의 사랑을 먹으며, 하루를 산다. 성도 한 분 한 분이 모두, 하나님이 내게 붙여 주신 귀한 위로자다. 오늘도 과분한 사랑을 받았으니 가슴으로 기억하며, 맡겨진 사명을 기쁨으로 감당하련다. 참으로 행복한 목회 여정이다. 참되자.

> 사랑에는 거짓이 없어야 합니다.
> 악한 것을 미워하고, 선한 것을 굳게 잡으십시오.
> 형제의 사랑으로 서로 다정하게 대하며,
> 존경하기를 서로 먼저 하십시오.
>
> (롬 12:9-10)

## 거북한 그리스도인 말고
## 거룩한 그리스도인 되기

작은아이의 예방 접종을 위해 오랜만에 도시를 찾았다. 접종을 마치고, 늦은 점심을 먹으러 근처 식당에 들어갔다. 이미 점심 때가 지나서 식당은 한산했고, 편하게 식사를 할 수 있겠다 싶었다.

하지만 내 생각은 이내 와장창 박살 났다. 먼저 식사하고 있던 건너편 테이블에는 잘 차려입은 중년 여성들이 앉아 있었는데, 목소리가 어찌나 큰지 들으려 하지 않아도 귀에 쏙쏙 꽂힌다. "사모님", "권사님" 하며 주거니 받거니 이야기를 나누는 것이, 누가 보아도 담임목사 사모와 그 교회 성도들이다. 살짝 불편할 듯해서 다른 자리로 옮기려는데, 상이 차려지기 시작했다.

불편한 마음을 털어 버리고 식사를 시작했지만, 역시 내 귀가 문제다. 카랑카랑한 목소리가 귀에 거슬린다. 아니, 목소리보다 나누는 이야기의 내용이 영 거북하다.

처음에는 기도 제목을 나누며 안타까워하더니, 점점 이야기가 산으로 간다. 이내 대놓고 성도의 흉을 보기 시작하더니, 정도가 점점 심해진다. 그 교회 사정을 전혀 모르는 내가 듣기에도 부끄러운 말을 어떻게 저렇게 큰소리로 떠들어 댈 수 있을까.

듣고 싶지 않은 이야기가 계속 들리니 식사에 집중할 수가 없다. 옆 테이블에 들리도록 깊은 한숨을 쉬어 눈치를 주지만, 아랑곳하지 않고 깔깔 웃는다. 내 미간이 찌푸려지기 시작하자 오히려 아내가 내 눈치를 본다.

"교회에 다니시는 것 같은데 흉 좀 그만 보세요. 그 교회 무서워서 다니겠나?"라는 말이 목구멍까지 나왔지만, 거듭 삼키고 급하게 식사를 마무리하고 일어섰다. 돌아오는 차 안은 역시 냉랭하다. 한참을 달리다 아내에게 무거운 입을 뗀다.

"우리는 그러지 맙시다. 저 교회 성도들이 참 불쌍하네. 그나마 식당에 손님이 우리뿐이었다는 게 참 다행이야."
"그러게요. 눈 마주치지 않으려고 계속 숙이고 있었더니 머리까지 다 아프네요."

교회가 신망을 잃고, 세상으로부터 많은 질타를 받고 있다. 언젠가부터 교회는 몰이해와 막무가내의 대명사가 되었고, 수많은 비난을 자초하는 지경에 이르렀다. 이제는 오히려 세상이 교회를 걱정하는 판국이다.

처음 기독교가 들어왔을 때 교회는 정직과 성실의 대명사였다는데, 그 명성을 다시 찾을 수 있을까? 당장은 어려울 것이다. 그렇다면 추격 골을 넣지는 못할망정, 더 이상 자살골은 넣지 말자. 교회의 헛발질로 들어간 수많은 자살골 때문에 예수님은 오늘도 우신다. 나부터 먼저 참되자.

그러나 이제 여러분은
그 모든 것, 곧 분노와 격분과 악의와 훼방과
여러분의 입에서 나오는 부끄러운 말을 버리십시오.

(골 3:8)

# 돈이 독이 되지 않기를
# 재물의 제물이 되지 않기를

"목사님, 저희 밭이 속히 팔리도록 기도해 주세요. 이제는 무릎도 안 좋고, 몸도 예전 같지 않아서 내년부터는 농사일을 줄이려고 땅을 내놨어요."

올봄, 파종을 끝낸 권사님이 기도를 요청하셨다. 10년 전 이곳으로 귀농해 제법 크게 농사를 지었는데, 이제는 힘이 많이 부치시는가 보다. 그 사정을 익히 잘 알기에 새벽마다 권사님과 함께 마음을 모아 기도하였다.

10월 어느 날, 권사님이 심방을 요청하셔서 댁에 도착해 보니, 상 위에 흰 봉투 하나가 놓여 있다.

"목사님, 주일에 말씀드린 것처럼 오늘 땅 매매 계약을 했어요. 적당한 금액에 땅이 팔려서 다행이에요."
"너무 잘됐네요. 그동안 얼마나 마음고생이 많으셨어요."
"아직 계약금만 받았지만 여기 이거, 땅값의 정확한 십일조예요."
"아이고, 나중에 잔금까지 다 처리한 다음에 천천히 하셔도 될 텐데요."
"목사님, 천천히 하면 안 되겠더라고요. 하나님께서 마음 주셨을 때 바로 해야지, 미루다 보면 아나니아와 삽비라처럼 되겠더라고요. 그 부부의 마음을 너무 잘 알겠어요. 마음이 내 마음 같지 않아요. 그리고 목사님이 '악한 것이 만지지도 못하도록 마귀에게 틈을 주지 말라'라고 말씀하셨잖아요. 돈이 독이 되기 전에 마음먹은 것은 즉각 순종하는 것이 저에게도 복이에요."
"맞아요, 권사님. 정말 잘하셨어요."

생각해 보면, 권사님은 늘 한결같으셨다. 옥수수, 서리태, 들깨, 배추를 수확할 때쯤이면, 그 양을 가늠하여 미리 십일조를 봉헌하셨다. 그것은 한 해 동안 이른 비와 늦은 비의 은혜를 부어 주신 하나님의 은혜에 대한 믿음의 고백이었고, 일평생 재물의 제물로 살아가지 않는 신앙의 비결이었다. 흔들리지 않는 믿음이 참 고맙다. 분명하게 결단할 줄 아는 믿음이 참 부럽다. 그 믿음 앞에 고개를 숙이며, 나 역시 더욱더 참되기를 바란다. 참되자.

    돈을 사랑하는 것이 모든 악의 뿌리입니다.
    돈을 좇다가, 믿음에서 떠나 헤매기도 하고,
    많은 고통을 겪기도 한 사람이 더러 있습니다.

    (딤전 6:10)

# 가장 좋은 것을 드리는 마음

오늘도 봉헌함에 쌀이 올려져 있다. 우리 교회는 따로 성미가 없지만, 일찍 오신 할매가 가져오신 게다. 알고는 있지만 모르는 척 여쭤 본다.

"권사님, 무슨 쌀이에요?"
"새 가마니에서 수지*했어요."
"수지가 뭐예요?"

* 강원도에서 많이 사용되는 용어로, 신에게 바치는 제물로서 곡식에서 '가장 먼저 수확한 것' 또는 삼베의 경우 '가장 먼저 짠 것' 등을 의미한다.

"사람들이 첫 바가지를 마귀한테 수지하데요. 마귀한테도 가져가는데, 나는 하나님께 드려야지요."

매번 이렇게 새 가마니를 뜯을 때마다 가져오신다. 누가 시킨 것도 아닌데, 소출이 생기면 먼저 하나님의 것으로 구별하는 성도들의 그 마음이 참 귀하다. 소박하고 투박하지만 순전한 믿음이 담겨 있다. 그 마음 또한 진실하다. 감사로 받는다. 이 맛에 시골 목회를 한다. 맛 본 자만이 아는 기쁨일 게다. 지금 이곳에서 충성할 이유다. 참되자.

당신들은, 번제물과 화목제물과 십일조와
높이 들어 바치는 곡식제물과 서원제물과 자원제물과
소나 양의 처음 난 것을,
그곳으로 가져다가 바쳐야 합니다.

(신 12:6)

# 한 양(羊)이 누리는
# 한량없는 은혜

오늘은 아주 중요한 약속이 있는 날이다. 군종병 시절 한없는 사랑을 보여 주셨던 목사님을 뵙는 날이라 그런지 평소보다 한 시간 일찍 눈이 떠졌다.

군 시절, 나는 목사님과 사모님으로부터 특별한 사랑을 받았다. 참으로 인격적인 사랑 말이다. 사실 나뿐 아니라, 장병들 모두가 하나같이 그 사랑을 받았다. 아직도 생생하게 기억나는 몇 가지가 있다.

에피소드 1_
휴가 때마다 "부모님께 감사의 인사 전해 주고, 집에 들어갈 때 돼지고기 한 근 끊어 가라" 하시며 손에 쥐어 주시던 흰 봉투는 사랑이었다. 그 사랑에 감사하여 사모님의 표현대로 정말 '돌쇠처럼' 군 교회를 섬겼다.

에피소드 2_

하루는 출근하시자마자, "요양 병원에 입원해 계신 할아버지는 좀 어떠시니?" 하며 안부를 물으시고는, 깊은 산속에 있는 요양 병원으로 함께 심방을 갔다. 그날은 우리 가정 심방 날이었다.

할아버지는 그해 겨울에 소천하셨다. 빈소를 지키고 있을 때, 다른 부대로 전출 가셨던 목사님이 밤늦게 조문을 오셨다. 그리고 발인 날에는 화장장까지 찾아와 안아 주셨다.

에피소드 3_

목사 안수식이 있기 며칠 전, 목사님이 맛있는 점심을 공궤해 주셨다. 친히 기차역까지 데려다주시고, "안수식은 못 가지만, 축하해, 김 목사님. 양복 하나 살 수 있을지 모르겠네" 하시며, 다시 흰 봉투를 건네셨다. 그리고 역사(驛舍)에 들어갈 때까지 손을 흔들며 예비 목사의 길을 축복해 주셨다.

에피소드 4_

강원도 영월에서 첫 단독 목회를 시작했다는 소식에 먼 길도 마다치 않고 가장 먼저 찾아오셨고, "이제 진짜 목양을 하는 거야" 하시며 마음 다해 기뻐해 주셨다. 그날 나는 마음으로 '목사님에게 보고 배운 사랑으로 목회를 하겠다'라고 다시 한번 다짐했다.

에피소드 5_
다른 목회자들과 함께 쓴 작은 교회 이야기『무명교회전』(세미한)을 첫 책으로 내면서 추천사를 부탁드렸을 때, 본인은 유명인이 아니라 도움이 안 될 것이라며 고사하셨지만 결국에는, "김 목사가 처음으로 부탁한 일인데, 거절해서 미안했네. 큰 도움은 안 되겠지만 마음을 담아 썼으니 잘 실어 주게" 하시며, 멋진 추천사로 첫 출판을 축하해 주셨다.

매번 그렇듯 오늘도, 내가 도착할 때쯤이면 미리 마당에 나와 계실 것이다. 그리고 20년 전이나 오늘이나 똑같은 음성으로 "진호 왔냐" 하시며 따뜻하게 맞이해 주실 것이다. 늘 그렇듯 보이차를 내주실 것이고, 나는 오늘도 그 사랑을 다시 한번 확인할 것이다. 곱고 짙은 그 사랑이 참 감사하다. 가슴으로 기억할 사랑이다. 참되자.

사랑하는 여러분,

하나님께서 이렇게까지 우리를 사랑하셨으니,

우리도 서로 사랑해야 합니다.

지금까지 하나님을 본 사람은 없습니다.

그러나 우리가 서로 사랑하면,

하나님이 우리 가운데 계시고,

또 하나님의 사랑이 우리 가운데서 완성된 것입니다.

(요일 4:11-12)

# 미안함에 눈물 한 방울
# 고마움에 눈물 두 방울

차량 운행을 다녀오니 아내가 엄지손가락을 치켜들어 보인다. 무슨 의미인지 너무 잘 알기에 애써 눈길을 피한다.

언제부터인가 설교 중에 울먹인 날이면 아내는 여러 말 하지 않고, 엄지를 치켜들어 심심한 위로를 전한다. 자주 있는 일은 아니고, 1년에 두세 차례 운다. 오늘이 바로 그날이다.

지난 한 주간, 예배에 대해 깊이 고민하면서 은혜를 누렸다. 그래서 요나서 강해를 미루고, '예배'를 주제로 말씀을 나눴다.

…말씀드리지 않았습니까? 시골 교회라서 오래되고 낡았습니다. 설교자가 저 혼자이니 7년 동안 한 사람의 설교를 듣습니다. 찬양팀과 성가대도 없으니 예배가 풍성하지 않습니다. 다른 특별한 순

서도 없으니, 자칫 지루할 수 있고 아무런 감동이 없을 수 있습니다. 부흥회나 사경회는 여건상 생각할 수도 없습니다.

하지만 우리 예배의 이 모든 부족함을 덮는 하나가 있습니다. 바로, 우리 성도님들의 마음입니다. 예배의 중심이신 하나님, 예배의 주인이신 하나님을 경외하고 사랑하는 마음이 분명하니, 모두가 자원하는 마음으로 예배드립니다. 그러니 반주기에 맞춰서 부르는 찬송가는 새 노래가 되고, "아멘"으로 화답하며 듣는 말씀은 꿀송이보다 답니다.

오늘의 예배도 그런 것 아닙니까? 불편한 다리를 이끌고 예배당을 찾습니다. 마을 꼭대기부터 걸어 내려옵니다. 가장 바쁜 농번기이지만 예배 성수가 우선입니다. 설교를 앞둔 목사를 대신해서 차량 운행을 합니다.

심지어 대전, 부산, 인천, 용인, 성남, 울산에서 옵니다. '어떻게 그럴 수 있을까?' 하는 의문이 드는 게 사실입니다. 마치 동방박사들이 아기 예수님을 만나기 위해서 먼 길 마다하지 않고 기쁨으로 온 것처럼, 주일마다 전국 각처에서 이곳까지 와서 함께 예배드리고 다시 그 길을 돌아가십니다. 누가 시킨다고 하겠습니까? 억지로는 더 못합니다.

그러니 하나님께서 우리의 이 예배를 어찌 외면하시겠습니까? 거칠고 투박하기 이를 데 없는 예배이지만, 우리의 순전한 이 마음이 변하지 않는다면 주님은 마치 처음 받으시는 예배처럼 진지하고 기쁘게 받아주십니다.…

설교 원고를 작성할 때는 그저 참 놀랍고 감사하다고만 생각했는데, 말씀을 전하면서 성도들의 얼굴을 하나하나 바라보니, 감정이 복받쳐 올라 원고 한 장을 남겨 놓고 꺼이꺼이 울고 말았다. 너무 고맙고 귀해서. 너무 죄송하고 값져서. 결국 오늘도 남은 원고는 그대로 읽는 것으로 말씀을 마쳤다.

식사가 준비되는 동안 성도들에게 나눴던 원고의 아쉬운 부분을 수정하는데, 아내가 따뜻한 꿀물 한 잔을 가져다준다. 울고 들어온 날이면 주는 특식이다. 허한 속을 달래라고. 속 버리지 말라고. 크게 한 모금 넘긴다. 달다. 참 달다. 꿀물에, 아내의 사랑에 그렇게 마음이 진정된다.

지난 여름부터 각 지역에서 오시는 성도들을 심방하고 있다. 이번 주간에는 인천에서 오시는 권사님 심방이다. 매 주일 오가시는 수고에 비하면 별것 아닌 수고지만, 기뻐하실 모습에 기대가 된다. 오랜만에 가는 인천이라 살짝 설레기도 한다. 참되자.

나더러 주님에 대해 말하라면

'하나님은 나의 주님, 주님을 떠나서는

내게 행복이 없다' 하겠습니다.

땅에 사는 성도들에 관해 말하라면

'성도들은 존귀한 사람들이요,

나의 기쁨이다' 하겠습니다.

(시 16:2-3)

## 이 맛에

어젯밤부터 라면이 먹고 싶었다. 사실 밀가루 음식을 끊은 지 오래라, 라면은 1년에 서너 번 먹을까 말까 한 음식이다. 그래서 잘 생각나지도 않는데 이번엔 이상하리만큼 라면 생각이 나서, 오늘 점심은 라면으로 정했다. 살짝 기대하는 마음으로 점심을 기다리는데, 아내에게 전화가 온다.

"사모님, 총각김치하고 겉절이 좀 했는데 목사님하고 오셔서 드시고 가세요."
"목사님이 지금 수도관 월동작업하고 있는데, 마치고 바로 갈게요."

댁에 들어서니, 짭조름한 젓갈과 매콤한 고춧가루가 환상의 콜라보를 만들어 침샘을 자극한다. 자리에 앉기가 무섭게 칼국수 한 그릇을 내오신다.

"목사님, 어제부터 끓인 멸치 다시에 마당 앞 호박, 감자를 넣어서 맛이 더 좋을 거예요."
"안 그래도 라면 생각이 났는데, 이런 기분 좋은 일이 있으려고 그랬나 봐요."

크게 한 젓가락 들어 올려 입안에 넣고, 총각김치를 크게 베어 물었다. 쫄깃한 면발과 보슬보슬한 감자, 쌉쌀한 총각김치가 한데 어우러지니 입안은 그야말로 축제 한마당이다.
한 그릇 싹 비우고 햇살 좋은 마당에 앉아 권사님의 옛이야기를 듣는다. 기분 나쁘지 않게 콧등을 치는 바람에 실려 오는 믹스커피 향이 유난히 더 달게 느껴진다. 소소하지만 부러울 것 하나 없는, 이것이 행복 아닐까?
라면보다 더 귀한 음식을 공궤받았다. 좋아하는 총각김치와 겉절이를 한아름 받았다. 이 맛에 시골 목회를 하나 보다. 아, 좋다. 참 좋다. 참되자.

이스라엘아, 너희는 복을 받았다.
주님께 구원을 받은 백성 가운데서
어느 누가 또 너희와 같겠느냐?…

(신 33:29)

가장 분명한 예스
우리 구세주 예수

# 나의 시선
## 교정되어
## 예수님께
## 고정되길

책상에 앉아 몇 시간째 책을 보는 내 모습이 신기한지 큰아이가 묻는다.

"아빠는 왜 그렇게 책을 많이 읽어요?"
"설교 준비해야 하니깐."

별 생각 없이 튀어나온 내 대답에, 순간 내가 놀라 말을 잃었다. 뭔가 잘못되어도 한참 잘못되었다. 마음을 도둑맞았다. 그리고 이내, 교육 목사로 성탄절 행사를 준비하던 때의 일이 생각났다.

그해도 여느 해처럼 24일 교육부 성탄 전야제와 25일 성탄

당일 행사를 동시에 준비하느라 참 분주했다. 이리저리 정신없이 뛰어다니는 내 모습을 본 성도가 "목사님, 성탄절이 기쁘세요?"라고 물었다.

그러자 나도 모르게 나온 대답이 이랬다. "집사님, 이렇게 바쁘고 분주한데 성탄절이 기쁠 리가 있겠어요. 저는 성탄절이 빨리 지나갔으면 좋겠어요. 제게는 절기가 일이에요, 일."

누구보다 열심히 아기 예수의 탄생을 준비하고 있음에도 성탄을 하나의 절기 행사로 바라보니, 이렇게 당황스러운 답변이 나올 수밖에.

오늘도 나의 시선은 잘못된 곳을 향해 있었다. 엉뚱한 곳에 고정된 것이다. 사실 그랬다. 신선한 예화에 집중하는 회중의 모습을 보며 만족해했다. 그것이 설교를 빛내 준다고 확신했다. 그래서 좋은 이야기를 찾으려고 얼마나 노력했는지 모른다. 하나님의 마음과 감동, 지혜가 빠졌음에도 깜박 속은 것이다.

아이의 물음 앞에 다시 한번 나의 무지와 교만을 본다. 나의 시선이 교정되어 십자가의 예수님께 온전히 고정되기를 바란다. 그래서 참된 눈으로 예수님을 바라보고 싶다. 참되자.

믿음의 창시자요 완성자이신

예수를 바라봅시다.…

(히 12:2)

# 띵동,
# 선물이 도착했습니다

"목사님, 저희 교회는 이미 지난봄에 귀한 사랑을 받았습니다. 착오가 생긴 듯합니다."
"목사님, 그거 실수 아닙니다. 선물입니다. 시골에서 목회하시는데 얼마나 힘드시겠어요. 가족과 함께 연말에 식사라도 하셔요."

지난 금요일, ○○교회에서 식사비 치고는 꽤 큰 재정이 입금되었다. 이미 지난봄 한차례 섬겨 주셨기에 아내도 나도 어리둥절했다. 그런데 실수가 아니라 선물이라고 하신다. 그렇다면 하나님이 보내신 까마귀가 맞다.

지난 주간, 옆 교회에서 스노우타이어 풀 세트가 남는다 하여 기분 좋게 받아 와서 카센터를 찾았다. 하지만 안타깝게도 타이어 크기가 우리 차량과 맞지 않아서, 울며 겨자 먹기로 스노우타이어를 구입했다. 아쉬운 마음을 뒤로 하고 집에 도착해 보니, 폐차시킨 차량의 비보험 범칙금 고지서까지 와 있다. 군청에 문의하여 '사전 통지서를 받은 적이 없으니 소명할 기회를 달라'고 말해도 '이미 안내를 했다'는 말만 반복할 뿐, 도통 말이 통하지 않는다.

문제는? 역시 재정이다. 스노우타이어 비용에 범칙금까지, 적지 않은 금액을 어디서 충당해야 할지 막막하다. 더 이상 신경 쓰기 싫어서 '주일을 보내고 생각하자' 싶었는데, 애써 머리를 쓰기도 전에 하나님은 이번에도, 갑자기, 아주 정확하게 채워 주셨다.

단독 목회를 통해 '때를 따라 돕는 은혜'를 한껏 누린다. 이 은혜는 똑같은 적이 없다. 매일 새롭고 생생하다. 한 번도 부족한 적이 없고, 한 번도 모자란 적이 없다. 그래서 신비하기까지 하다. 이렇게 하나님은 때마다 생각지도 못한 은혜를 선물로 주신다.

오늘도 그 은혜의 선물을 받고 마음이 울컥한다. 자꾸만 눈물이 난다. 하나님의 선물을 배달해 주신 목사님에게 감사하다.

받은 은혜를 가슴으로 기억하여 나 역시 하나님의 선한 도구가 되기를 기도한다. 참되자.

> 우리는 모두 그의 충만함에서 선물을 받되,
> 은혜에 은혜를 더하여 받았다.
> (요 1:16)

# 질리도록 들어도
# 다시 듣는 진리

어릴 적, 할아버지와 아버지가 하시던 양계장이 조류 독감의 여파로 문을 닫으면서 하루아침에 가계가 완전히 기울었다(그 당시에는 정부 차원의 살처분 보상금이 하나도 없었다). 형편이 어려워지자 아버지는 큰 빚을 갚기 위해 새벽부터 이웃의 양계장에서 일하셨고, 그전까지 살림만 하시던 어머니는 집 근처 공장에 취직하셔서 밤늦게까지 야근을 하셔야 했다. 집에 남겨진 동생과 나는 산과 들, 개울을 친구 삼아 신나게 뛰놀았다.

하루는 어머니가 노란색 카세트와 분홍색 테이프 한 상자를 가지고 오셔서 우리에게 카세트 사용법을 한참 동안 설명하셨다. 수십 개의 분홍색 테이프에는 "신구약 성경 인물 이야기"라고 적혀 있었다. 일이 바빠 자녀들의 신앙 교육을 할 수 없기에 내린 특단의 조치였다.

그날부터 동생과 나는 노랑이와 분홍이를 친구 삼아 지냈다. 수십 번, 아니 수백 번은 더 들었을 것이다. 이야기를 다 외웠을 뿐 아니라, 테이프가 늘어지고 늘어져서 듣지 못하게 되었을 정도니 '질리도록 들었다'라는 표현이 맞다.

지금도 비가 오는 날이면, 동생과 함께 이불을 뒤집어쓰고 반복해서 들었던 노아의 방주 이야기와 솔로몬의 재판 이야기가 생각난다. 그러다 잠들면 밤늦게 지친 몸을 이끌고 오신 어머니가 동생과 내 귓가에 불러 주시던 찬송가 "달고 오묘한 그 말씀"이 귓가에 맴돈다.

> 달고 오묘한 그 말씀 생명의 말씀은
> 귀한 그 말씀 진실로 생명의 말씀이
> …
> 아름답고 귀한 말씀 생명샘이로다

그리고 오늘도 나는, 어릴 적에 질리도록 들었던 성경 이야기를 다시 읽고 묵상하며, 성도들과 함께 나눌 말씀을 준비하고 있다. 어릴 적부터 수없이 듣고 읽은 성경 이야기가 질릴 법도 한데, 묵상할 때마다 새로운 걸 보니, 하나님의 말씀은 참 진리임이 틀림없다. 참되자.

> 그대는 어려서부터 성경을 알고 있습니다.
> 성경은 그리스도 예수를 믿는 믿음으로 말미암아
> 그대에게 구원에 이르는 지혜를 줄 수 있습니다.
> (딤후 3:15)

## 가장 분명한 예스
## 우리 구세주 예수

성탄 축하 예배를 인도하러 예배당에 들어서는데, 처음 보는 차량이 교회 마당에 있다. '방문객이 왔나 보다' 생각하는 찰나, 아내가 한껏 들뜬 목소리로 내게 알려 준다.

"여보, 오늘 이○○ 집사님 셋째 며느님이 예배에 오셨어요."

아내의 말에 내 얼굴에도 웃음꽃이 만개한다.

이○○ 집사님. 우리 교회 할매들 가운데 제일 연장자시지만, 예배의 기쁨을 누구보다 잘 알기에 빠지는 일이 없으시다. 예배당에 오가시기 위해 차량에 타시면 심심치 않게, "목사님, 저는 예수 믿고 수지맞았어요"라는 말로 시작하는 이야기를 풀어 놓으신다.

"목사님, 제 인생 가운데 갑자기 찾아오신 예수님을 믿고 저에게는 좋은 일만 있어요. 첫째 아들도 다시 자리를 잘 잡았고, 이번에 셋째 아들은 이장이 되었어요. 셋째 며느리는 늦은 나이인데 면사무소에 취직해서 엊그제 강원도 도지사 상까지 받았고요. 손자손녀들이 때 놓치지 않고 결혼해서 증손자들을 데리고 오니 정말 좋아요.

저한테 남은 소원 하나가 있는데, 자손들이 함께 예수 믿으면 정말 소원이 없겠어요. 이게 제 마지막 기도 제목이에요. 그런데 아직 멀었나 봐요."

이야기의 마무리는 20년 가까이 아침저녁으로 간구하시는 기도 제목인데, 요즘은 어쩐지 이 대목에서 힘이 없으시다. 오래 기도해도 여전히 지지부진하니, 지치실 법도 하다.

그런데 성탄의 아침, 셋째 며느리와 손녀 부부가 예배당을 찾은 것이다. 예배당에 들어서니 우리 할매와 며느리가 나란히 앉아 있다. 강단으로 올라가는 길에 우리 할매의 어깨에 가만히 손을 얹자 세상에서 가장 행복한 미소로 답을 주신다.

기약대로 가장 정확한 때에 성탄하심으로 인류를 구원하신 예수님은, 오랜 시간 응답을 기다리다 지칠 대로 지쳐 낙심한 우리 할매에게 가장 분명한 응답을 주심으로(며느리를 보내 주심으로) 큰 기쁨을 더하셨다. 성탄의 아침에 예수께서 가장 분명한 '예스'(yes)가 되어 주신 것이다. 며느리, 손녀 부부와 함께 예배드리는 그 한 시간이 얼마나 행복했을까? 가장 특별한 예배요, 가장 기억에 남는 성탄 선물이었으리라.

물론 성탄 예배 이후, 우리 할매의 옆자리는 여전히 비어 있다. 하지만 예수님이 가장 분명한 때에 '예스'하시리라는 믿음으로 오늘도 여전히 예배당을 찾는 할매의 뒷모습이 나를 울린다. 참되자.

하나님의 모든 약속은 그리스도 안에서 '예'가 됩니다.
그러므로, 그리스도로 말미암아, 우리는 "아멘" 하면서
하나님께 영광을 돌리는 것입니다.
(고후 1:20)

## 마음에는 예수님을 담고
## 행실로는 예수님을 닮고

새벽예배를 마치고 가시던 우리 할매가 느닷없이 아침 식사를 하러 오라고 한다. 기도를 마치고 부지런히 움직여 할매 댁에 도착하니, 안방 한복판에 화로가 놓여 있다. 빨갛게 달아오른 숯이 참 곱다. 밥상이 차려지는 동안 화롯불을 멍하게 바라보노라니, 이런저런 생각들이 떠올랐다. 사실 나는 그 전날의 일로 어느 집사님에게 섭섭함을 넘어 단단히 화가 나 있는 상태였다.

연말연시, 우리 할매 세 분이 거의 동시에 수술하여 입원하였다. 목자의 마음, 아비의 마음으로 일주일에 두 차례씩 병원에 방문하여 예배를 드리고 기도해 드렸다. 꽤 오랜 기간 병원에 있으면서 갈급한 심령이 된 할매들은, "목사님, 얼른 퇴원해서 교회 가서 예배드리고 싶어요"라는 말로 목사의 수고에 감사를 표했다.

1월 말, 퇴원한 할매들이 집에서 가료(加療)를 시작했다. 수술로 몸을 움직이기 힘든 할매들이라 매주 먹거리와 밑반찬을 정성껏 준비하여 각 가정에 전달해 드렸다. 감사하게도 할매들은 회복이 빨랐고, "목사님, 설 명절이 지나면 교회에 나갈게요" 하셨다. 할렐루야!

설 명절을 보내고, 할매 두 분이 주일예배에 나오셨다. 그런데 할매 한 분이 보이지 않는다. 큰 수술이었지만 회복이 가장 빨랐기에 '혹시 무슨 일이 생겼나?' 걱정이 되어 예배를 마치자마자 댁으로 향했다.

그런데 문이 잠겨 있다. 아드님과 병원에 갔나 싶어 아드님에게 전화했더니, 그것도 아니란다. 다급한 마음에 온 동네를 돌고 있는데 이웃집 아줌마가, "그 어르신, 노인정에 놀러 가셨소" 한다. 그 소리에 온몸이 그대로 얼었다. 겨울바람이 뺨을 스치는데, 눈물이 날 정도로 찼다.

회복된 몸으로 교회에 먼저 오실 줄 알았는데, 실망이 크다. 아니, 화가 머리끝까지 났다. 노인정과 교회가 먼 것도 아니다. 다리 하나를 사이에 두고 교회이고, 노인정이다.

노인정에 놀러 가신 게 뭐 그렇게 문제겠는가. 물론 아니다. 아무 문제도 아니다. 하지만 병문안을 갈 때마다, "목사님, 하루

빨리 교회에 가서 예배드리고 싶어요"라고 하셨는데, 주일인 걸 알면서도 노인정에 가셨다는 데서 마음이 무너졌다.

그동안 병원으로, 가정으로 찾아가서 예배하고 기도해 드렸던 일, 간식거리와 밑반찬을 만들어 가져다드렸던 일 등이 모두 헛수고였다 생각하니 아깝기까지 했다. '도대체 언제쯤 믿음이 자라실까?' 더디 자라는 믿음에 복장이 터진다. 그래서 주일 오후 내내 마음이 불편했고, 그다음 날 새벽까지도 풀리지 않았던 것이다.

그런데 할매의 밥상을 기다리는 동안 가만히 화로의 숯불을 보다가, 문득 내가 가진 사랑의 크기가 참 작았음을 깨닫는다. 온전하지도, 순전하지도 않다. 넓지도, 깊지도, 크지도 않다. 그렇다고 뜨겁지도 않다. 저 숯불처럼 모든 것을 다 덮고 녹일 정도로 뜨거워야 하는데, 내가 가진 사랑은 말로만 목자의 사랑, 아비의 사랑이었다.

아직 믿음이 연약한 성도를 넉넉히 품지는 못할망정, 서운해하고, 원망하고, 심지어 내가 준 사랑(병문안과 먹거리)을 산술적으로 계산하면서 아깝게 생각하고 있으니, 나 자신에게 참 유감이다.

그 순간, 예수님이 "세상에 있는 자기 사람들을 사랑하시되 끝까지 사랑하시니라"(요 13:1. 개역개정) 하신 말씀이 뇌리를 스친다. 예수님이 보여 주신 이 사랑, 머리로는 너무 잘 알겠는데 왜 가슴까지 전해지지 않는 것일까? 내 사랑은 왜 이렇게 모자랄까.

할매 댁에서 식사를 잘 마치고 집에 오자마자 사과즙과 청국장 등 먹거리를 챙겨서 집사님 댁을 찾았다. 그리고 아무렇지 않게 인사를 건넸다.

"집사님! 저 왔어요. 다리는 어떠세요?"

나의 마음에 예수님을 담아 더욱 예수님을 닮아 가기를 바란다. 참되자.

여러분 안에 이 마음을 품으십시오.
그것은 곧 그리스도 예수의 마음이기도 합니다.
(빌 2:5)

# '한 푼 인생' 말고
# '한 분 인생'

신학교 시절에 함께 웃고 울었던 장 선교사를 오랜만에 만났다. 심지가 올곧았던 그는 항상, "한국인 선교사가 하나도 없어야 하나님만 바라보고 선교할 수 있다"라고 말하곤 했고, 그렇게 찾고 찾아서 간 선교지가 오세아니아의 오지 솔로몬 제도다.

"형, 내가 솔로몬 제도를 갔잖아. 그곳 사람들이 나한테 꼭 물어보는 것이 있어.

 '선교사님, 제가 듣기로는 한국이 부자 나라입니다. 한국에서 뭐 가지고 왔습니까? 백인 영국 의사는 병원에서 쓸 대형 구급차를 가지고 왔습니다. 약도 가지고 왔습니다. 침대도 새것으로 바꾸어 주었습니다. 선교사님은 뭐 가지고

왔습니까?'

형, 형도 아는 것처럼, 내게 뭐가 있어? 돈이 있어, 아니면 뒷배가 있어? 아무것도 없잖아. 그래서 내가 그들에게 이렇게 말했어.

'내가 가지고 온 것은 여러분들 살리는 예수 복음입니다. 세상 사람들, 부자들이 좋은 것 다 가져다주어도 여러분들의 생명을 죄에서 구원할 수 없습니다. 오직 예수님만으로 여러분이 살게 됩니다. 여러분에게는 예수님이 필요하기 때문에 저는 예수님을 가지고 왔습니다. 예수님이 가장 좋으신 분입니다.'"

조금 더 가지려고 아등바등하는 한 푼 말고, 있다가도 없어지는 한 푼 말고, 늘 부족하고 모자란 한 푼 말고, 인생의 참 주인 되신 한 분 예수님을 만나는 일이 가장 좋은 것임을 담대하게 선포하는 장 선교사의 그 배짱이 나는 참 좋다. 지금까지 금과 은이 아닌, 그보다 더욱 귀중한 예수님 한 분을 자랑한 것처럼, 앞으로도 변함없는 마음으로 예수, 예수, 예수만을 선포하기를 마음 다해 응원한다. 참되자.

베드로가 말하기를

"은과 금은 내게 없으나,

내게 있는 것을 그대에게 주니,

나사렛 예수 그리스도의 이름으로

일어나 걸으시오" 하고.

(행 3:6)

# 나의 삶
# 주와 삶

간밤에 갑작스럽게 보일러가 터졌다. 퍽 당황스러웠다. 온수 매트를 깔고 난방 텐트를 설치하고 집에 있는 이불들을 죄다 꺼내서 아이들을 덮이고 누웠지만, 긴장한 탓인지 쉽사리 잠이 오지 않았다. 춥기도 정말 추웠다.

밤새 뒤척이다 일어나 새벽기도회에 나갔다. 찬송가 299장 "하나님 사랑은"을 부르며 기도회를 시작하는데, 1절 가사가 끝나기도 전에 울음이 터지고 말았다.

> 하나님 사랑은 온전한 참사랑
> 내 맘에 부어 주시사 충만케 하소서 (1절)

눈물이 왈칵 쏟아졌다(요즘 이 눈물이 좀 문제다. 40대가 되더니, 눈물샘이 고장 났나 보다).

보일러가 터져서? 추위에 떠느라 한숨도 못 자서? 내 모습이 처량해서? 하나님이 원망스러워서? 아니다. 절대 아니다. 요즘처럼 영과 육의 상태가 좋은 때가 또 있었던가. 그렇다면 슬픔의 눈물이기보다 예수님 안에서 누리는 기쁨의 눈물이다.

때로는 아무것도 보이지 않고, 아무것도 들리지 않고, 아무것도 손에 잡히지 않고, 한 발자국도 뗄 수 없는 날을 만나게 될 줄 안다. 하지만 나의 삶이 분명하게 내 사랑하는 예수님과 함께 사는 삶이라면, 그 무엇도 내게 있는 평안과 기쁨을 빼앗지 못할 것이다. 우리 주님과 살아가는 모든 순간을 감사로 고백하는 삶을 드리고 싶다.

큰 눈에 강추위가 겹쳐 어려움 속에 깊은 밤을 보냈지만, 나는 다시 한번 노래한다.

그 사랑 앞에는 풍파도 그치며
어두운 밤도 환하니 그 힘이 크도다 (3절)

참되자.

나는 그리스도와 함께 십자가에 못 박혔습니다.

이제 살고 있는 것은 내가 아닙니다.

그리스도께서 내 안에서 살고 계십니다.

내가 지금 육신 안에서 살고 있는 삶은,

나를 사랑하셔서 나를 위하여 자기 몸을 내어주신

하나님의 아들을 믿는 믿음 안에서 살아가는 것입니다.

(갈 2:20)

# 나의 사랑하는 책
## 해어졌나, 헤어졌나?

여섯 살이 되던 해로 기억한다. 포천에서 용인으로 이사를 왔고, 아침 일찍 양계장에 나가시는 아버지의 시간에 맞춰 매일 아침 6시 30분이면 온 가족이 모여 감리교 가정예배서 『하늘양식』으로 가정예배를 드리기 시작했다.

학창 시절, 10분이라도 더 자고 싶은데 매일 아침 6시 30분이면 가정예배를 드려야 했으니, 예배가 아니라 무거운 짐이었다. 고3이라고 봐주는 일도 절대 없었으니, 말 그대로 고난이었다. 아무리 성경이 '나의 사랑하는 책'이라도 아침에는 제발 좀 헤어졌으면 하는 생각이 들 정도였다.

신학교에 진학하고 이후 부산으로 사역을 나가면서 더 이상 부모님과 함께 가정예배를 드리지는 못했지만, 십수 년이 지난 지금도 두 분은 가정예배로 하루를 시작하신다.

지금 와서 생각해 보면, 그때는 그렇게 드리기 싫었던 가정예배가 나를 여기까지 이끌어 주었음을 고백할 수밖에 없다. 잠도 덜 깬 상태에서 힘들게 드린 예배였지만, 그날의 말씀이 나를 붙잡고 지켜 주었음이 분명하다. 내가 말씀을 붙든 것이 아니라, 다 해지도록 매일 아침 펼쳤던 성경 말씀이 나를 붙잡아 준 것이다.

본 대로 한다더니, 신앙에 있어서는 절대 양보하지 않으셨던 부모님께 보고 배운 것이 이것이라, 가정을 이룬 지금은 찬송가 199장 "나의 사랑하는 책" 1절을 시작으로 온 식구가 함께 모여 예배를 드린다.

나의 사랑하는 책 비록 해어졌으나

어머니의 무릎 위에 앉아서

재미있게 듣던 말 그때 일을 지금도

내가 잊지 않고 기억합니다

잠들기 전이라서 모두들 텐션(tension)이 좋다. 작은아이는 리듬에 맞춰 춤까지 추니, 이보다 흥겨운 예배가 없다. 감사한 마음이다.

아이들에게는 이 시간이 어떨지 모르겠다. 다만 오늘을 잊지 않고 기억하길 바란다. 물론 내 어릴 적처럼, 가정예배가 무거운 짐으로 느껴질지도 모른다. 하지만 가정예배를 통해 심긴 하나님의 말씀이 준수와 희수의 삶을 이끌고 붙잡아 주리라 확신한다. 그리고 30년쯤 지나 어른이 되었을 때, 오늘 내가 깨달은 이 기쁨을 준수와 희수가 알아차리는 날이 있으리라 믿는다.

오늘도 함께 예배드릴 수 있는 가족이 있어서 감사하다. 참되자.

> 복 있는 사람은 악인의 꾀를 따르지 아니하며,
> 죄인의 길에 서지 아니하며,
> 오만한 자의 자리에 앉지 아니하며,
> 오로지 주님의 율법을 즐거워하며,
> 밤낮으로 율법을 묵상하는 사람이다.
> 그는 시냇가에 심은 나무가 철따라 열매를 맺으며
> 그 잎이 시들지 아니함 같으니,
> 하는 일마다 잘될 것이다.
>
> (시 1:1-3)

# 말씀 괘도(掛圖)로
# 신앙 궤도(軌道)를
# 세우다

요즘은 방송이나 인터넷뿐 아니라 여러 자료들이 개발되어 어디서든 쉽게 양질의 교육을 받을 수 있지만, 내가 초등학교를 다니던 시절에는 괘도가 일반적인 교보재(敎補材)였다.

교회라고 달랐을까. 커다란 괘도에 선생님이 직접 쓴 삐뚤빼뚤한 글자로 어린이 찬송가 가사와 요절 말씀이 늘어서 있었다. 어느 주일에는 글자가 점점 위로 올라가고, 또 어느 주일에는 점점 아래로 내려가게 적힌 괘도를 보며 친구들과 키득거렸던 것이 기억난다. 30년이 훌쩍 지난 일이다.

하지만 가만히 생각해 보면, 손때에 끝이 다 해져 버린 괘도를 바라보며 목청 터져라 생소리로 불렀던 "사막에 샘이 넘쳐흐르리라", "싹 트네 싹 터요" 등의 찬양과, 옆 친구보다 더 크게, 고래고래 소리치며 외웠던 요절 말씀들이 철없던 시절, 나의 신앙 궤도를 만들고 바르게 잡아 주었구나 싶다.

때때로 말씀을 읽어도 아무런 감동이 없고, 무덤덤해질 때가 있다. 그럼에도 이탈하지 않고 믿음의 길을 걸어갈 수 있음은, 어릴 적 괘도를 통해 바로 세운 신앙 궤도가 나를 붙잡아 주었기 때문일 게다. 이제는 더 좋은 교보재들이 많아서 괘도는 찾아보기가 어렵지만, 그래서인지 추억 속의 괘도가 더 고맙게 느껴진다. 어릴 적 말씀 괘도를 보며 들어선 신앙 궤도에서 이탈하지 않고 반듯하게 걸어가기를 바란다. 참되자.

모든 성경은 하나님의 영감으로 된 것으로서
교훈과 책망과 바르게 함과 의로 교육하기에 유익합니다.
성경은 하나님의 사람을 유능하게 하고,
그에게 온갖 선한 일을 할 수 있게 하는 것입니다.
(딤후 3:16-17)

# 가장 정확한
## 일방통행
# 우리 주님과
## 일생동행

지난 2020년은 코로나19로 모두가 어려운 시간이었다. 사회, 경제, 문화뿐 아니라, 기독교계도 직격탄을 맞아 8,000개 이상의 교회가 폐쇄되었다는 소식을 간접적으로 전해 들었다.

    이러한 상황 속에서도 하나님은 우리 교회에 놀라운 은혜를 부어 주셨다. 감리교회에서는 미자립 교회와 자립 교회를 나누는 기준이 교회의 1년 경상비 결산액 3,500만 원으로(2021년 말부터 기준 금액이 4,000만 원으로 상향 조정되었다), 이 금액 미만이면 미자립 교회이고, 이 금액 이상이면 자립 교회다. 감사하게도 지난해 우리 교회 결산액이 3,543만 원으로 자립 교회가 되었다. 이 소식을 구역회에서 공표하기 전, 재정을 담당하시는 두 분 권사님에게 먼저 말씀드리자, 두 분 역시 감사하며 하나님의 은혜를 고백했다.

지방회에도 정확한 회계 보고를 했다. 그러자 나를 아껴 주시는 몇몇 목사님이 "많이 힘들텐데"라며 진심 어린 걱정을 해 주셨다. 그도 그럴 것이 1년 경상비 결산액 3,500만 원이라는 기준이 오래전에 정해진 것이어서 현재의 경제 상황을 고려하면 기준을 충족해도 자립이라고 할 만한 재정 규모는 안 되기 때문이다.

실제로, 자립 교회로 보고하면 당장 불편해지는 일들이 많다. 우선 연회와 지방회의 구제사업 대상에서 제외된다. 면제되었던 부담금도 감당해야 한다. 가장 큰 문제는? 매달 지방회에서 보내 주는 미자립 교회 목회자 생활비를 받지 못한다. 한마디로 손해가 이만저만이 아니다. 당장 살림을 살아야 하는 아내는 걱정이 더 클 것이다.

사실 항목 하나를 바꾸거나 다른 항목으로 넘기면 50만 원 줄이는 건 일도 아니다. 그러면 올해도 미자립 교회로 보고되어 매달 후원을 받을 수 있다. 연회와 지방회에서 받는 혜택들도 유효하다.

하지만 그러고 싶지 않았다. 두 가지 이유에서인데, 하나는 자립 교회 기준을 충족한 것이 하나님이 우리 교회에 주신 은혜요 복이었기 때문이다. 우리 교회는 처음 설립된 후 50년이 지나는 동안, 한 번도 자립 교회로 신고한 적이 없었다. 개척부터 지금까지 미자립 교회로 후원과 섬김을 받기만 했다. 그런데 하나님이 이번에 기회를 주신 것이다. 어느 해보다 힘든 한 해였지만, 하나님의 은혜 앞에 정직한 감사를 드리고 싶었다.

또 다른 하나는, 이 일이 우리 성도들의 땀의 수고와 눈물의 헌신이 만들어 낸 아름다운 결정체이기 때문이다. 열의 하나를 드리는 그 순전한 믿음, 일상의 은혜를 감사로 고백한 믿음 하나하나가 모여 하나님의 선을 이뤘기 때문이다. 그렇다면 목사의 욕심이 이 일의 걸림돌이 돼서는 안 된다.

그런데 지난 주간, 지방회 회계 목사님으로부터 전화가 왔다.

"목사님, 지방회 실행부에서 도천교회가 자립했음을 얼마나 기뻐하는지 몰라요. 그런데 가장 힘든 때가 미자립 교회였다가 막 자립했을 때라는 걸 목사님들 모두가 경험하셨고, 공감하셨어요. 그래서 올 한 해도 지방회에서 하던 지원을 이어 가시겠다 하네요."

전화를 끊고 나니, 연신 감사의 고백이 터져 나온다. 믿음으로 결단했지만, 걱정도 앞섰었다. 하지만 이번에도 하나님이 인도하시는 길을 따라가는 것이 가장 정확했다. 그 길 위에서 나의 믿음과 성도들의 순전한 헌신과 교회의 사명이 더욱 빛났기 때문이다. 일평생 오직 한 길 되신 예수님과 동행하는 기쁨으로 가장 정확한 길을 걷고 싶다. 참되자.

> 예수께서 그에게 말씀하셨다.
> "나는 길이요, 진리요, 생명이다.
> 나를 거치지 않고서는,
> 아무도 아버지께로 갈 사람이 없다."
>
> (요 14:6)

# 순교가 몸의 죽음이라면
# 순종은 자아의 죽음

몇 주간 교회에 나오지 못한 우리 할매가 오랜만에 수요예배에 나오셨다. 그런데 예배 시작 전부터 마칠 때까지 계속해서 내 눈치를 본다. 예배를 마치고 할매에게 다가가 물었다.

"집사님, 뭐 하실 말씀 있으세요?"
"아니, 저⋯ 목사님, 어제 집 화장실에 전등이 나가서 깜박이는데⋯ 어떻게 할 수가 없어요."

그 이야기를 듣는 순간, 짜증이 확 난다. 그런 날이 있지 않은가? 별일 아닌데도 짜증 나고 화가 치미는 날. 오늘이 바로 그 날이었다. 평소 같으면 "제가 차량 운행 마치고 들어오는 길에 사서 올라갈게요" 했을 테지만, 사실 할매는 몇 주 전부터 이런 저런 이유를 대며 예배에 나오지 않으셨었다. 그러더니만 당장 필요한 일이 생기니 교회에 오셨구나 하는 생각이 들어 순간 마음이 딱 닫혔다. 생각할수록 화가 난다. 아니, 오늘은 내가 너무 불쌍해 보인다. '목사'라는 타이틀이 너무 싫다.

차량 운행을 마치고 오니, 이제는 아내가 눈치를 본다.

"여보, 그래도 한번 올라가 봐야 하지 않겠어요?"
"나도 알아, 안다고. 밤에 화장실 가려면 불편하시겠지.
넘어지실 수도 있고!"

소리를 버럭 지르고는 방에 와서 책을 폈지만, 글자가 눈에 들어올 리 없다. 마음이 편치 않다. 목자로서 마땅히 살펴 드려야 하지만, 이렇게 이용만 당하는 것이 지혜로운 일인가 싶기도 하고, 무엇보다 내키지가 않는다. 한숨만 푹푹 내쉬다가 끌려가듯 창고로 향했고, 한참을 뒤적이다 새 전등을 찾았다. 없으면 안 가려고 했는데, 이제는 가지 않는 것이 더 불편한 상황이 되었다.

할매 댁에 올라가는 길 내내, 구레네 사람 시몬이 생각났다. 억지로 십자가를 진 시몬의 심정이 이랬을까. 이런 내 마음도 모르고, 전등에 불이 들어오자 할매의 얼굴에는 웃음꽃이 만개했다. 어색한 미소를 보이고는 서둘러 내려왔다.

집에 도착하니, "나는 당신이 다녀올 줄 알았어요"라며 아내가 엄지를 치켜든다. 웃어야 할지, 울어야 할지. 오늘은 좀 삐뚤어지려고 했는데, 그게 그렇게 안 될 일인가? 반대로, 기쁘게 순종하는 일은 왜 그렇게 어려울까?

할매 댁까지 올라가는 데 5분, 전등 갈아 끼우는 데 10초, 다시 집으로 내려오는 데 5분. 기껏해야 10분 10초면 될 일을 참 힘들게도 했다.

그런데 어디 나만 힘들까? 사실 더 힘든 건 하나님이다. 손 많이 가는 나를 목회자로 부르셔서, 매번 다독여서 사용하셔야 하니 얼마나 힘드실까? 나의 약함까지도 선을 이루는 통로로 다듬어 가시는 하나님이 조금이나마 덜 고생하시도록 어제보다 오늘, 조금 더 참되기를 바란다. 참되자.


그는 하나님의 모습을 지니셨으나,

하나님과 동등함을 당연하게 생각하지 않으시고,

오히려 자기를 비워서 종의 모습을 취하시고,

사람과 같이 되셨습니다.

그는 사람의 모양으로 나타나셔서,

자기를 낮추시고, 죽기까지 순종하셨으니,

곧 십자가에 죽기까지 하셨습니다.

(빌 2:6-8)

# 함께 잇대는 기쁨

지난 주일에는 추수감사예배를 드렸다. 주일을 보내고 성도들의 추수감사헌금 봉투를 하나하나 살펴본다. 추수감사주일을 한 주 앞둔 주일에 데살로니가서 말씀으로 "같은 믿음, 같은 감사"라는 제목의 설교를 통해 감사하는 신앙에 대해 나누었기에, 헌금 봉투에는 감사의 제목들이 가득하다.

코로나19로 일상의 많은 부분이 위축되었고, 갑작스럽게 추워진 날씨에 작물의 소출은 절반이지만, 제각기 한 해의 감사를 찾아 고백하는 성도들의 수고가 고맙다. 또한 비뚤배뚤 눌러 쓴 우리 할매들의 글자는 몇 번씩 확인해야 하지만 읽는 재미가 크다.

지금까지 그랬던 것처럼 이번 절기 헌금도 선교지 또는 우리 교회보다 더 힘든 교회로 흘려보냈다. 이 일이 벌써 6년째다. 물론 강원도 산골의 작은 교회이다 보니 성도도 적고, 재정 규모도 작고, 힘도 많이 약하다. 그렇다고 해서 하나님께 받은 사명까지 작은 것은 아니다. 그래서 선한 일에는 마음과 힘을 모아 함께 연합한다. 이번 추수감사주일 헌금은 탄자니아에서 어린이 사역을 감당하시는 김 선교사님에게 흘려보냈다.

10월 말, 선교사님에게 문자가 와서 이야기를 나누던 중에, '빔 프로젝터가 오래되어 고장이 났고, 텔레비전으로 바꾸어 아이들에게 성탄 선물을 하고 싶다'라는 기도 제목을 받았다. 나중에 안 사실이지만, 선교사님은 기도 제목을 올리고서 우리 교회가 부담을 느낄까 봐 곧바로 대화창에서 삭제하셨다고 한다. 하지만 선교사님의 대화창에서만 삭제가 된 모양이다. 그러니 '우리 교회가 벽걸이 텔레비전과 스피커 등의 성탄 선물을 섬기겠다' 했을 때 깜짝 놀라는 게 당연하다. 미안해하며 어쩔 줄 모르신다.

"선교사님, 뭐 어떻습니까? 하나님께서는 하실 일은 다 하십니다. 하나님의 인도하심이 아니겠습니까?"

문자로나마 선교사님의 머쓱한 그 마음을 덮는다.

"아멘. 그렇게 전하고 기도하겠습니다. 이번 성탄에 마을 모든 사람에게 성탄의 기쁜 소식을 영화로 상영하고 싶었는데, 너무너무 큰 은혜이고 감사입니다."

그렇다면 영화를 보며 먹을 팝콘까지 우리 교회가 섬겨야겠다.

얼마 후, 선교사님으로부터 문자와 사진 몇 장을 받았다. '아이들이 너무 좋아한다', '지난 토요일은 오전 8시부터 줄을 섰다'라며, 선교사님은 거듭 감사 인사를 하셨다.

하지만 선교사님의 귀한 사역에 우리 교회가 함께 잇댈 수 있는 기회를 주셨으니, 사실은 내가 더 감사하다. 또한 하나님의 선한 일에 힘을 모아 연합하는 성도들에게 감사한 마음이다. 자원하여 드린 이 섬김이 해같이 빛날 줄 믿는다. 아직은 우리 교회가 큰일을 감당하지는 못하지만, 비록 작은 일일지라도 연합하여 충성하다 보면, 더 큰 사명을 맡겨 주시리라.

언젠가 우리 할매들끼리 주고받는 이야기를 엿들은 적이 있다.

"목사님은 자꾸 남들 퍼 주는데, 그럼 뭐 먹고 사신대?"
"하나님이 퍼 주시지!"

농 섞인 정답이 우습기도 하지만 고맙다. 그래, 맞다. 우리 교회는 하나님이 퍼 주신다. 이번에도 성도들의 사랑의 섬김을 통하여 일하시는 하나님을 마주했다. 모두가 합력하여 하나님의 선을 이루는 기쁨이 참 크다. 또 이렇게 목회를 배운다. 참되자.

하나님을 사랑하는 사람들,

곧 하나님의 뜻대로 부르심을 받은 사람들에게는,

모든 일이 서로 협력해서 선을 이룬다는 것을

우리는 압니다.

(롬 8:28)

# 하나님 안에서
# 하나인 우리

"찬송가 543장 찬송하시겠습니다. 4절 찬양하실 때 다 같이 일어나 주의 보좌 앞으로 나아갑니다."

나의 멘트와 함께 입례송이 시작되었다. 그런데 1절이 채 끝나기도 전에 우리 할매가 벌떡 일어나시더니 떠듬떠듬 찬송을 부르신다. 아직 2, 3절이 남았는데 착각하신 모양이다. 연세가 많으시니 충분히 이해되는 상황이다.

2절이 시작되자, 할매 뒤에 앉으신 권사님이 조용히 일어선다. 그리고 한 명, 두 명이 더 일어서더니, 2절이 끝나갈 때쯤 모든 성도가 일어서서 찬양을 부르고 있다. 그 모습에 순간 울컥했다. 잘 참았는데, 결국 4절 찬양을 할 때 복받쳐 오르는 감정을 이기지 못하고 끝내 눈물을 보였다. 예배를 인도하고, 말씀을 전하는 내내 머릿속에는 이런 생각이 맴돌았다.

'그래, 이게 교회의 참모습이지.'

그렇다. 교회는 각기 다른 모습들이 모여 예수님으로 하나 된 공동체다. 세상의 어떤 공동체와도 비교 불가하기에 이곳에서는 높고 낮음, 크고 작음, 많고 적음, 있고 없음, 나음과 모자람, 족함과 부족함이 아무 문제 되지 않는다. 이미 맛본 십자가의 무한한 용서의 능력, 한없는 사랑의 능력이 사람들 사이의 낮음, 적음, 없음, 모자람, 부족함 등을 완전히 덮는다. 그래서 오늘처럼 예상치 못한 선함을 만들어 낸다.

예배의 마지막 순서인 축복 기도를 하기 전, 다음과 같은 짧은 멘트로 마음을 전했다.

"생명이 있고 없고의 차이는 따뜻한가, 차가운가로 구분됩니다. 오늘 저는 우리 교회에서 온기를 느꼈고, 살아 있음을 확인했습니다. 감사합니다."

그리고 깊이 고개 숙여 성도들에게 감사의 인사를 전했다.

모두가 "아멘"으로 화답하며 기뻐하니, 웃음으로 예배가 마무리되었다. 나는 오늘도 이렇게 목회를 배워 간다. 성도들 모두가 내게는 좋은 스승이 되니, 참으로 괜찮은 목회 여정이다. 참되자.

  겸손함과 온유함으로 깍듯이 대하십시오.
  오래 참음으로써 사랑으로 서로 용납하십시오.
  성령이 여러분을 평화의 띠로 묶어서,
  하나가 되게 해 주신 것을 힘써 지키십시오.
  (엡 4:2-3)

나가는 글

# 참되자

언젠가 개인 SNS에 이런 댓글이 달렸다.

> 목사님 글의 '참되자'가 주는 울림이 커요. 덩달아 '참되자'!

나는 모든 글의 맺음을 온점(.)과 함께 '참되자'로 마친다. 인장을 찍는 것처럼 말이다. 사실 없어도 그만, 있어도 그만인 단어이기에 보는 이에 따라 불편한 사족(蛇足)으로 느껴질 수도 있다.

하지만 더없이 약한 나는 '참되자'로 용기를 내고, '참되자'는 지극히 약한 나를 응원한다. 때마다 나를 응원해 주시던 외조부처럼 말이다.

어릴 적, 두루마기를 입고 강단에 오르시던 외조부의 모습에 '나도 목사가 되고 싶다'라는 막연한 꿈을 가졌고, 이렇게 목사가 되었다. 외조부는 언제나 말씀을 아끼셨지만, 목회 여정의 중요한 때마다 마음에 새길 말씀을 해 주셨다.

부산으로 수련 목회자 사역을 위해 떠나는 외손자의 손을 잡으며 들려주신 말씀은 이랬다.

"김 전도사야, 목회 성공하려고 애쓰지 말고, 따뜻한 마음을 훈련해라."

목사 안수를 받기 전날 밤에는 요한복음 10장의 '선한 목자' 말씀을 천천히 다 읽으신 후 이렇게 말씀하셨다.

"김 전도사야, 목회는 마음으로 하는 거다. 선한 목자의 마음을 기억해라."

외손자의 첫 단독 목회지인 영월 산골까지 먼 길 수고를 아끼지 않고 오셔서 당부하신 말씀도 다르지 않았다.

"마음이 따뜻한 인간미 넘치는 목사가 되어라. 성도를 위해 많이 울 줄 아는 따뜻한 목사가 되어라."

그리고 언제나 마지막 말씀은 이것이었다.

"진호야, 진실하고 올바르고 참되거라."

외조부님은 늘 마음을 강조하셨다. 진실하고 올바른 마음을 말이다. 아마도 당신의 지난 목회의 여정을 돌아보니, 목회에 있어서 마음을 지키는 일이 그만큼 어려우셨던 모양이다. 하지만 지켰던 그 마음이 사랑이 되었고, 용서가 되었고, 눈물이 되었고, 기쁨이 되었고, 노래가 되었고, 열매가 되었고, 간증이 되었음을 목회 여정을 다 마치고서야 알아차리셨기 때문일 게다.

목사 11년차, 갈수록 좌충우돌 우당탕 실수투성이다. 사도가 설파한 두 마음의 싸움은 수없이 서로 밀고 당기며 전선을 옮겨 댄다. 나는 오늘도 얍복 강가의 야곱처럼 씨름 중이다. 어느새 냉랭하게 식어 버린 모습에 실망하는 날도 많다. 이런 나에게 '참되자'라는 다짐은 흔들림 없는 기준점이 되어 준다. 그래서 수없이 읊조릴 뿐 아니라, 작성하는 모든 글마다 '참되자'라고 인장을 찍어 진실하고 반듯한 목사가 되기를 다짐한다.

어제보다 오늘이, 오늘보다 내일이 조금은 더 참된 자이고 싶다. 참되자.

하루 만나,

그 사계절 이야기

---

초판 발행_ 2023년 10월 27일
초판 2쇄_ 2023년 11월 24일

지은이_ 김진호
펴낸이_ 정모세

펴낸곳_ 한국기독학생회출판부
등록번호_ 제2001-000198호(1978.6.1)
주소_ 04031 서울시 마포구 동교로 156-10
대표 전화_ (02)337-2257 팩스_ (02)337-2258
영업 전화_ (02)338-2282 팩스_ 080-915-1515
홈페이지_ http://www.ivp.co.kr 이메일_ ivp@ivp.co.kr
ISBN 978-89-328-2193-1

ⓒ 김진호 2023

책값은 뒤표지에 있습니다.
무단 전재와 복제를 금합니다.